长三角服装产业集群数智新基建发展

黄格红 著

化学工业出版社

·北京·

内容简介

本书从新基建的角度系统地探析长三角三省一市服装产业集聚的专业市场推动型集群、出口导向型集群、大企业主导型集群、中小微企业协同型集群、园区艺创型集群的现状，对区域服装产业集群总体共性和个性差异性特征进行分析，多维度进行实证调研，探讨开放、协调、融合的服装产业数智生态演进机理，构建全要素、全渠道、全链路的产业集群数字新基建创新发展的路径，以促进数智技术转化为生产力，生产力转化为发展力，夯实长三角服装产业集群的优势基础，增强产业集群根植性，提高产业集群竞争力，推动产业集群与区域经济协同发展。

本书可供服装设计与产业发展领域的相关研究工作者查阅参考，也可供服装市场调查员、服装产业销售员等相关从业人员阅读。

图书在版编目（CIP）数据

长三角服装产业集群数智新基建发展／黄格红著．—北京：化学工业出版社，2022.11
ISBN 978-7-122-42222-4

Ⅰ.①长… Ⅱ.①黄… Ⅲ.①长江三角洲-服装工业-产业集群-产业发展-研究 Ⅳ.①F426.86

中国版本图书馆CIP数据核字（2022）第171227号

责任编辑：张　彦
责任校对：宋　玮　　　　　　　　　　装帧设计：张　辉

出版发行：化学工业出版社（北京市东城区青年湖南街13号　邮政编码100011）
印　　装：北京建宏印刷有限公司
710mm×1000mm　1/16　印张7　字数95千字　2023年1月北京第1版第1次印刷

购书咨询：010-64518888　　　　　　　售后服务：010-64518899
网　　址：http://www.cip.com.cn

凡购买本书，如有缺损质量问题，本社销售中心负责调换。

定　　价：79.00元　　　　　　　　　　　　　　　　　　版权所有　违者必究

前 言

服装产业一直以来都是我国重要的传统型支柱产业和民生产业，为我国经济的快速发展做出了巨大的贡献。长江三角洲地区作为我国东部发展的核心地区和我国近代纺织服装工业的发源地，在产业出口、技术创新、产品研发、品牌建设等多方面都处于国内领先地位，具有很强的代表性。近年来，中国的服装产业开始向集群化发展，长三角地区也凭借其得天独厚的优势陆续形成了一大批产业集中度高且生产规模大的服装产业集群。随着全国各地服装产业集群规模的不断扩张，长三角地区服装产业集群在获得更多机遇的同时，也面临着诸多挑战。

基于此，笔者结合自身多年的理论研究成果与教学实践经验，围绕"长三角服装产业集群数智新基建发展"展开研究著成本书。全书在内容编排上共设置六章：第一章立足于我国制造业与互联网的融合发展现状，阐明服装产业集群发展数智新基建的时代要求；第二章梳理长三角服装产业集群发展的总体情况，内容包括长三角服装产业集群的现状分析、长三角服装产业集群面临的挑战；第三章在分析浙江省服装产业集群现状的基础上，探讨杭州丝绸华服产业的数智化发展策略；第四章至第六章以笔者所在的杭州万向职业技术学院为例，分别对时尚产业发展驱动下设计专业群创客人才培养路径、高职设计专业群创客人才培养路径的实效、高职服设专业建设沉浸式元实训基地的背景与基础、高职服设专业沉浸式元实训基地建设的途径与策略、高职服设专业升格职教本科的需求、国内外高校服设本科专业人才培育状况、浙江省同类高职院校服装设计类人才培养工作概况进行探索研究。

  笔者在撰写本书的过程中，得到了许多专家学者的帮助和指导，在此表示诚挚的谢意。由于笔者水平有限，加之时间仓促，书中所涉及的内容难免有疏漏之处，希望各位读者多提宝贵意见，以便进一步修改，使之更加完善。

目 录

第一章　服装产业集群发展数智新基建的时代要求 　1
第一节　新基建与服装产业集群　2
第二节　发达国家新基建及服装产业集群的发展启示　4
第三节　发展服装产业集群数智新基建是时代的选择　8

第二章　长三角服装产业集群发展的总体情况 　11
第一节　长三角服装产业集群的现状分析　12
第二节　长三角服装产业集群面临的挑战　22

第三章　浙江省服装产业集群发展现状 　25
第一节　浙江省服装产业集群的现状分析　26
第二节　杭州丝绸华服产业数智化发展案例　36

第四章　新基建赋能高校数智化创客人才培养 　53
第一节　时尚产业发展驱动下设计专业群创客人才培养路径探索　54
第二节　高职设计专业群创客人才培养路径的实效　65

第五章　新基建赋能高职沉浸式元实训基地建设 　69

第一节　高职服设专业建设沉浸式元实训基地的背景与基础 ———— 70
第二节　高职服设专业建设沉浸式元实训基地的途径与策略 ———— 73

第六章　高职服设专业升格职教本科的可行性探索 ———————— 77
第一节　高职服设专业升格职教本科的需求分析 ———————————— 78
第二节　国内外高校服设本科专业人才培育状况分析 ———————— 83
第三节　浙江省同类高职院校服装设计类人才培养比较分析 ———— 98
第四节　高职服设本科专业的可行性方案 ———————————————— 103

参考文献 —— 105

· 第一章 ·

服装产业集群发展数智新基建的时代要求

第一节　新基建与服装产业集群

2021年是国家"十四五"规划开局起步的第一年,也是中国经济处于推进数字经济、转化增长动力的"双循环"高质量发展攻关期。《国务院关于深化制造业与互联网融合发展的指导意见》(国发〔2016〕28号)提出,部署"深化制造业、互联网和双创的紧密结合,通过优化产业结构有效改善供给,释放新的发展动能,加快制造强国建设的战略"。2018年底中央经济工作会议上提出"新基建"概念,2019年,新型基础设施建设被国务院列为年度经济建设的重点任务之一。

一、新基建的定义和范围

2020年伊始,中央展开一系列战略布置,加快"新基建"在新经济时期的全面进程。4月,国家发改委发布《关于推进"上云用数赋智"行动培育新经济发展实施方案》,进一步明确提出"深入推动企业数字化转型,聚力中小企业数字化能力建设"的规划。随后首次明确"新基建的定义和范围——以新发展理念为引领,以技术创新为驱动,以信息网络为基础,面向高质量发展需要,提供数字转型、智能升级、融合创新等服务的基础设施体系。包括信息基础设施、融合基础设施、创新基础设施三个方面,具体涵盖5G、物联网、工业互联网、卫星互联网、人工智能、云计算、区块链等"。同年6月,工信部、国家发改委、科技部等印发的《十五部门关于进一步促进服务型制造发展的指导意见》中提出"发展定制化服务、供应链管理、共享制造等多个模式,加快培育发展服务型制造新业态新模式,促进提质增效和转型升级,为制造强国建设提供有力支撑"目标。

2021年9月，国务院常务会议审议通过围绕5G规模化部署、6G前瞻化布局、IPv6商用化部署、国际互联扩容等的"十四五"新基建强化建设规划，来应对世界格局发生深刻调整，全球政治经济发展的不确定性、不稳定性日益突出的局面；把科技势能转化为动能，以新发展理念为引领，以信息网络为基础，以技术创新为驱动，加速推进全产业链的数字化转型，成为保持国际竞争优势与制造强国高质量发展的强劲引擎。

二、国内服装产业集群的状况

中国作为占全球服装产量一半份额的国家，在工业互联网和人工智能为标志的全球第四次工业革命浪潮中，已成为全球服装产业责任发展、可持续发展坚定的推动者和行动者。中国服装产业历经了改革开放40多年的红利驱动、效率驱动和创新驱动三个阶段的砥砺奋进，已具备雄厚的产业基础、完善的产业链配套体系和巨大的服饰消费市场，是集中体现中华文化创意、整体制造水平、科技应用水平的万亿产值之一的民生产业，承载着大量国民就业和促进国民经济发展的重任。国家统计局的数据显示，2020年服装产业规模以上（年主营业务收入2000万元及以上）企业数量为13300家，累计完成服装产量223.73亿件，累计实现营业收入13697.26亿元，利润总额640.44亿元。2021年社会消费品零售总额440823亿元，同比增长12.5％。其中服装鞋帽、针纺织品类零售额13842亿元，同比增长12.7％。中国海关总署的数据表明，2021年在国际市场需求增加、节日促销的拉动下，中国纺织服装累计出口额3154.66亿美元，同比增长8.38％，比2019年增长16.17％，创下历史新高。其中服装出口额1702.63亿美元，同比增长24.0％，比2019年增长12.48％。

服装产业集群是在某一区域集中将丝线或棉线、毛线、皮革等原料制成布料，再由布料经过设计制作成服装、包装，经物流和营销等一体化性质产业链的群体总称。截至2018年底，全国纺织服装产业集群试点地区数为216个，企业总户数约为19.43万户。从形成区域上来看，市（县）级纺织服装产业集群113个，镇级集群103个，分布在全国的21个省（市、区），以长三角、珠三角、环渤海区域等东部沿海经济发达地区为核心，面向国际、辐射中西部，是全国工业经济发展的重要支柱❶。服装产业集群可分为专业市场推动型集群、出口导向型集群、大企业主导型集群、中小微企业协同型集群、园区艺创型集群等五大类型。其中，长三角服装产业集群拥有18个服装特色城镇，浙江杭州、柯桥、桐乡、海宁，江苏吴江、江阴、常熟等重点服装产业集群的年主营收入过千亿，具备国际先进水平的纺织服装技术研发中心、时尚创意中心、高端制造中心和生产性服务体系，率先建设服装智能制造示范基地。当下，服装市场进入充分竞争的存量经济时期，长三角服装产业集群应积极迎接新基建带来的新机遇、新挑战，全面推进传统优势制造业集体向"数字化、网络化、智能化"服务型制造业迭代升级。

第二节　发达国家新基建及服装产业集群的发展启示

进入21世纪，第四次工业革命浪潮与数字经济席卷全球，各国都在发力抢占技术高地、加快相关产业布局，纷纷出台数智战略或计划，通过加大相关资金投入、加强先进技术创新、促进科研成果转化等措施，准备迎接新一轮的全球科技革命和产业变革。美国"先进制造业国家"、德国"高技术战略2020"、日本"再兴战略"、英国"工业2050"、法国"新工业计划"、澳大利亚"实现可持续的制造业"战

---

❶ 数据来源：中商产业研究院《2020年中国服装产业集群市场前景及投资研究报告》。

略发展均围绕着数字化和智能化对各自制造业进行转型升级,借此抢占国际制造业的竞争焦点和制高点。日本工业价值链参考架构(IVRA)发布后,与德国工业4.0、美国工业互联网在智能制造和工业互联网领域形成三足鼎立局面。就此,围绕信息基础设施、融合基础设施、创新基础设施的"新基建"在全球各国兴起高潮(表1-1)。

表1-1 近年来发达国家新基建发展战略一览表

国家	政策	时间	主要内容
美国	先进制造伙伴计划(AMP)	2011年	强调各细分技术领域的技术创新,开发先进制造技术,提升美国制造业竞争力
	先进制造业国家战略计划	2012年	
	振兴美国先进制造业2.0版	2015年	
	美国先进制造领导战略	2018年	
德国	顶尖集群竞争计划	2007年	要求以智能制造为核心,建立具有适应性、资源效率及人因工程学的智慧工厂,以确保德国的世界制造强国地位
	走向集群计划	2012年	
	高技术战略2020	2010年	
	"工业4.0"计划	2013年	
英国	《工业2050》报告	2013年	强调设立先进制造、成形技术等7个"高价值制造推进研发中心",推动英国制造业技术及商业模式创新
法国	新工业计划	2013年	围绕能源、城建、数字经济、交通、医疗、设备等9大领域工业生产数字化转型升级,提升法国工业竞争力和加快商业模式变革
	未来工业计划	2015年	
日本	"科技创新立国"战略	1995年	以法律的强制性和激励性来推动先进制造业发展
	《科学技术基本法》		
	产业集群计划	2001年	主要支持网络化、集群促进组织、培训、营销合作
	知识集群计划	2002年	主要支持基于联合研究中心的研发合作、网络化、孵化服务
	城市区计划	2002年	重点支持产学政合作
	产业重振计划	2013年	通过设备和研发来重振制造业
	工业价值链参考架构(IVRA)	2016年	完善智能制造系统架构

一、最近发达国家新基建发展

2020年3月,欧盟委员会发布了《欧洲新工业战略》。其中制定打造欧洲数字未来战略,提出欧洲保持技术与数字主权的举措:首先是加快在人工智能、5G、数据和元数据分析等领域的研究和资金投入;其次,制定公共数据管理框架,允许企业创建、汇集和使用相关数据;另外,尽快开展6G网络的研究与资金投入,以期成为下一代通信技术的领跑者。自此,中国、韩国、美国和日本处于领先地位,英国、德国和法国位于第二梯队,新加坡、俄罗斯和加拿大处于第三梯队。各国大数据中心仍处于持续建设、数量增加的发展阶段,并在IaaS、PaaS、SaaS、搜索、社交网络和电子商务等领域广泛应用。美国在人工智能领域具有明显领先的国际实力,中国也紧随其后。工业互联网是先进制造业发展的一个重要领域,全球有16个重要的工业物联网市场参与企业,其中有8家为美国企业、3家为德国企业,英国、瑞士、法国、中国和日本各有1家企业在列。过去十年内,数字化体验、分析技术和云技术为各项技术赋能,成为众多企业有效推进战略和新商业模式的核心基础。

随着后疫情时代的到来,全球都希望通过搭建数字化基础设施,让传统行业降低疫情影响,加速全球产业链、供应链重构。各国内顾倾向加剧,保护主义、单边主义上升,产业也将由追求效率向兼顾安全与效率转变,产业链布局趋向区域化、本土化、短链化。美国在2021年6月宣布推行1.2万亿美元的新基建计划;7月,欧洲议会批准更新版"连接欧洲设施"计划,将在2021—2027年间划拨300亿欧元,用于交通、能源和数字化基础设施建设。

二、世界著名服装时尚产业集群的特点

以欧盟、美国、日本为代表的世界著名服装时尚产业集群在20世纪经历了兴起、繁荣、衰退与转型升级的巨大变化和调整，全球服装产业发展面临新格局，主要分为以下六方面特点：

一是服装产业聚焦于创意与营销，把产业链下游的服装加工或组装环节向国外转移，以降低成本，加强对市场的适应能力。

二是通过兼并收购，淘汰落后产能，大大提高市场集中度，同时一批绩效良好的企业通过生产设备自动化升级、管理创新（信息技术和管理信息系统）、垂直整合产业链、拓展时装品牌组合等策略，大大提高营运效率和供应链一体化能力，形成了一批实力雄厚的纺织跨国集团。

三是制订科技开发计划，通过技术创新和产品质量提升，尤其是新纤维和新技术的研发，形成了一批在细分专业领域独具竞争优势的企业和技术资本。

四是通过各区域性自由贸易协定，针对不同国家要素成本的差异将价值链活动定位于比较优势国家，从而收缩制造环节，将其价值链重点集中于产品开发、营销和分销环节，控制了产品设计、质量标准、产品交货、库存以及价格等关键的"价值链"节点，并通过全球生产网络主导发展中国家纺织服装制造商参与全球价值链分工的模式和利益分配。

五是借助信息技术和互联网进行数字化转型，促使柔性化和个性化的产品生产和销售成为主导，通过柔性制造系统加速产品设计、排产、生产和交付的自动化流程与管理，并借助信息技术与互联网有效整合其分布在世界各地的供应链"节点"，对市场需求变动做出快速定制的同时，利用不同国家（地区）的资源优势有效降低生产成本。

六是各国政府、非营利机构提供多元化的企业扶持措施，包括支持创建新公司、时尚孵化器、吸引客户、改善业务流程、人才培养、交流分享等方面的扶持计划，推动各国服装时尚产业的发展。

世界贸易便利化、人民币国际化，特别是服务贸易的发展，为创新要素自由流动和融合，开启新时代包括货物贸易和服务贸易在内的多维度、全方位的国际合作创造了更加广阔的发展空间，为全球产业命运共同体的构建带来战略性契机。发达国家服装产业集群在科技创新、文化积淀、消费体验和人才培养等方面的链式发展可为我国乃至长三角服装产业集群向数智化转型提供启示。

第三节　发展服装产业集群数智新基建是时代的选择

我国做出围绕信息基建、融合基建、创新基建三大领域开展数字化新基建的顶层设计，以为正在建设的万物互联 5G/6G 时代做好底层架构。长三角区域是我国推动数字经济建设的重要先行区，其所在的服装产业集群既是传统优势产业集群，也是互联网＋先进智造产业。近年来，终端消费者对个性化、功能化、快时尚产品的需求推动了产业集群科技与时尚的融合，个性化定制、柔性化生产、制造资源共享、供应链高效协同又赋予了纺织服装产品新生命和新消费。以 5G/6G、大数据中心、人工智能、工业互联网为代表的新基建技术已逐渐渗透到服装产业的设计研发、生产、营销、服务等环节，在推动服装产业集群全要素生产率整体提升的同时，使消费越来越精致、智慧和高效。新基建以数字化、网络化、智能化为核心，结合新能源、新材料等方面的新突破而引发的服装产业集群高质量变革，既是挑战，也是发展机遇。

一、国内学者对发展服装产业集群数智新基建的策略

目前，国内学者对于中国乃至区域服装产业数字化升级策略、个性化定制运营、服装智能生产、多样性消费需求、零售新业态、移动电子支付等产业链协同发展问题进行大量研究，并取得丰硕的研究成果，在研究方法、研究视角、发展策略方面均具有借鉴价值。虽然长三角纺织服装产业集群发展策略研究相对较多，但多数研究是应对若干年前

的国内外经济形势采取的对策。有些是针对服装产业流程中某一环节进行数字化转型的深入探讨，研究范围相对较窄，成效也较碎片化。鲜有学者就用户交互、创新设计、精准营销、协同采购、智能生产、智慧物流、智慧服务等层面，系统性地提出服装产业集群数智新基建发展的整体有效的路径规划，从而与当下全球范围内5G/6G、工业互联网、大数据、人工智能、云计算、区块链等新基建驱动各大产业的发展趋势相匹配，这为本书留出一定的研究空间。

基于以上研究现状，本书将深入了解长三角服装产业集群进行服务型新制造的发展需求，以及数智新基建在服装产业链中的驱动作用。在建立理论分析框架基础上，对区域服装产业集群总体共性和个体差异性特征进行分析，多维度进行实证调研，探讨开放、协调、融合的服装产业数智生态演进机理，构建全要素、全渠道、全链路的产业集群数字新基建创新发展的路径，促进数智技术转化为生产力，生产力转化为发展力，夯实长三角服装产业集群的优势基础，扩展广阔的市场空间，重塑全球服装竞争力版图。

二、提供服装产业集群数智新基建新路径的理论价值

本书在构建理论分析框架的基础上，采用艺术学（设计学）、人工智能学科、工学（纺织科学与工程）和经济学（应用经济学）等学科交叉的研究范式，从新基建的角度系统地探析长三角服装产业集聚的专业市场推动型集群、出口导向型集群、大企业主导型集群、中小微企业协同型集群、园区艺创型集群的现状，以及数智化生态构建演进机制、发展路径、绩效评价等问题。其研究成果对于丰富和完善区域内产业集群的数智化新基建创新系统理论，营造政府协会、产业集群、科研机构、高等院校等不同主体之间从物理相邻到化学相融的参与共建生态，推动产业集聚区与区域经济协同发展，促进我国服装产业集群数智化成功转型均具有理论参考和实践决策价值。

三、提供服装产业集群数智新基建新路径的应用价值

在全球范围进入万物互联的时代,数字技术、人工智能技术、网络技术与服装产业的融合创新已成为促进产业集群飞跃发展的一致共识。长三角服装产业集群进行数智化转型不仅是大势所趋的时代需求,而且是在数字时代从全方位、全链路、全触点开拓全新发展层级的必然选择。通过深化数字技术在设计、生产、运营、物流及营销等诸多环节的应用,实现企业—园区—市场—产业集群层面的数智化升级,不断释放数字技术对经济发展的放大、叠加、倍增作用,是传统产业集群实现质量变革、效率变革、动力变革的重要方式,也为长三角高质量一体化发展提供战略新引擎,对推动我国经济高质量发展具有重要意义。

服装产业集群数智新基建发展是深化供给侧结构性改革的重要抓手。充分发挥数字技术在服务型制造产业发展中的赋能引领作用,通过推动产品的智能化、业务数字化、企业智慧化,满足消费需求的个性化以及实现企业服务的上云要求,有效提升生产力水平和服务的质量和效率,充分激发服务型制造产业集群的新活力,能够在未来持续带动就业,保证乃至提升人们消费水平,拉动内需以促进经济中长期发展。

服装产业集群数智新基建发展是服务型制造业高质量发展的重要途径。在新的历史方位下,应运用全球化的视野,扎根中国本土消费市场,厘清当前长三角服装产业发展趋势,研究针对性、关联性的发展路径,将制造优势与网络化、智能化相叠加。通过新技术应用、新业态融合、新动能培育赋能服装产业集群进行全域化、全要素、全生态的数字化建设并形成集聚优势,增强产业集群根植性,提高产业集群竞争力,推动产业集群与区域经济协同发展,助力中国服装产业集群攀登全球产业制高点的历史新起点,着力引领全球服装时尚产业变革、全面提高价值创造能力、大幅提升时尚话语权。

· 第二章 ·

长三角服装产业集群发展的
总体情况

第一节　长三角服装产业集群的现状分析

长三角地区位于长江下游平原与黄海、东海交汇之地，由浙江省、上海市、江苏省、安徽省构成，土地面积 35.8 万平方公里。截至 2020 年底，常住人口约为 2.35 亿，人均 GDP 达到 10.41 万元，经济总量占全国四分之一。长三角城市群以上海市，浙江省杭州、宁波、温州、湖州、嘉兴、绍兴，江苏省南京、无锡、常州、苏州、南通，安徽省合肥、芜湖、马鞍山、铜陵等 27 个城市为中心，以先天的区位优势、独特的资源禀赋、发达的工业体系、先进的科技水平等，辐射带动长三角地区高质量发展。中华人民共和国科学技术部发布的《2016—2017 年综合创新水平指数》排名中显示，上海、江苏以及浙江在全国各省市中排名第二、第五和第六，安徽排名第十五。因此，通过对国内三大城市群的比较来看，长三角的创新优势更为突出。

一、长三角区域发展的历史延革

由于长三角的地理位置优越，沿江沿海港口众多，属亚热带季风气候，四季分明，降水充沛，土地丰饶，植被茂盛，环境适宜农桑种植。早在 7000 年前的浙江余姚河姆渡文化开始，历经太湖流域的马家浜文化及其后续的崧泽文化、良渚文化，就有先民从事以原始农业和原始纺织手工业为主要特征的定居生活。随着西周、春秋战国的吴越文化兴起，初具规模化的纺织服装产业出现。秦汉时期的会稽郡、丹阳郡、吴国均实行以农桑为本、开拓海上丝绸贸易的政策。魏晋南北朝时期的三吴（吴郡、吴兴、会稽）偏安发展，经济与纺织服装手工业水平与中原地区持平。隋唐时期的安史之乱发生后，全国经济重心南迁，江南东道

（浙江、江苏等地）成为全国的纺织服装产业中心。五代十国的吴越王钱镠开设官营织造先河。民谚"苏湖熟，天下足"，则更体现出南宋长三角地区属中国经济中心、文化中心的地位，海上丝绸之路的繁华程度。明清的长三角出现九座商业与手工业城市，南京、杭州、苏州、松江是当时的纺织服装业及海内外交易中心。自近代以来的150多年期间，长三角始终推动地区商品经济的快速发展，并在我国纺织服装产业发展的过程中起到了重要作用。

中华人民共和国成立以来，长三角区域步入计划经济的城市化建设，在改革开放迅猛推动下，凭借先天的区位优势、独特的资源禀赋、发达的工业体系、先进的科技水平等一跃成为中国最具经济活力、最具开放度和最具创新力的区域之一，也成为中国纺织服装行业与国际贸易竞争的核心力量。2019年12月，国家颁布的《长江三角洲区域一体化发展规划纲要》中提出：长江三角洲区域要围绕电子信息、纺织服装等十大领域，强化区域优势产业的协作，推动传统产业升级改造，形成若干世界级制造业集群。这标志着长三角一体化发展对区域产业协同发展提出了更高的要求，在国家现代化建设大局和全方位开放格局中具有举足轻重的战略地位。

面对"十四五"时期的发展新机遇，从长三角区域经济及产业基础来看，正在需求刺激、投资拉动、创新型贸易带动等层面引领我国内外双循环高质量发展的新格局。区域经济运行总体好转，占全国比重有所上升。各省市统计局公布的数据显示，2020年，长三角地区生产总值约计24.5万亿元，占全国GDP的24.09%，较上年增长3%；地区生产总值同比增长3.14%，高于全国GDP增速0.84个百分点。从长三角内部看，从高到低依次为：江苏省地区生产总值102719亿元（占长三角的41.98%）、浙江省64613亿元、上海市38700.58亿元、安徽省38680.60亿元。2021年，三省一市生产总值达27.6万亿，较上年增长12.65%。其中，江苏省生产总值116364.2亿元，同比增长13.28%；浙江省生产总值73516亿元，同比增长13.75%；上海市地区生产总值43214.85亿元，同比增长11.66%；安徽省生产总值42959.2亿元，同比增长11.06%（图2-1）。

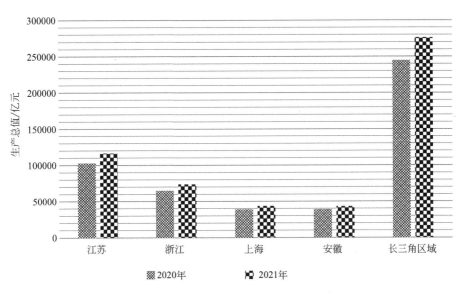

图2-1　2020—2021年长三角三省一市生产总值对比图

三省一市的海关数据表明，2019年，长三角三省一市的出口额为6.68万亿。2020年初，在新冠病毒疫情冲击和国际复杂形势影响下，长三角地区的进出口下滑明显，随着进入疫情常态化防控阶段，复工复产、复商复市加快稳定推进，国外需求逐渐恢复增长态势。中国作为RCEP成员国之一，拥有贸易条件优惠倾斜，长三角相关出口型企业在服装、家居、塑料制品、机械零件等出口领域依旧保持优势。全年地区进出口总额为118543.37亿元，占全国比重36.9%，进出口增速为7.2%，高出全国5.3个百分点。进出口情况从高到低依次为：江苏省44500.5亿元、上海市34828.5亿元、浙江省33808亿元、安徽省5406.4亿元。其中，江苏省苏州市的进出口总额为22316.7亿元、无锡6077.4亿元、南京5343.2亿元、南通2626.9亿元、常州2417.2亿元；浙江省杭州市的进出口总额为9786.9亿元、宁波5485.6亿元、金华4866.6亿元、嘉兴3052.3亿元、绍兴2578.3亿元、温州2189.7亿元；安徽省合肥市的进出口总额为2596.7亿元、芜湖584.7亿元、铜陵529.2亿元、马鞍山402.3亿元。进入2021年，长三角区域的进出口总额达 140942.16 亿元，较上年增长 18.89%。其中，江苏的进出口总值首破 5 万亿，达 5.21 万亿元，迈上新台阶，总量同比增长 17.1%；浙江进出口总值达 4.14 万亿元，首次跻身全国前三；上海市进出口总值创历史新高，达 4.06 万亿元；安徽全年进出口总值 6811.56 亿元，较上年增长 26%，展现出强劲的韧性和活力。

从整体上看，尽管当前国际宏观经济在供给端、需求端、政策端等多重冲击下面临衰退风险，但是我国在贸易增长、利用外资等层面的安全状况优于其他主要经济体。长三角经济在国际国内双循环相互促进的新发展格局中增速明显，占全国比重有所上升，但是内部发展不平衡依然存在，江苏省经济与产业发展势头最盛，且呈现不断拉大之势，上海市与浙江省表现较好，安徽省发展后劲足。

二、长三角地区服装产业现状

长三角是我国纺织服装产业最为发达的地区之一，服装产业是长三角传统优势产业，也是高新技术战略型新兴产业。目前，在纤维新材料、高技术纺织品、高端纺织服装设备、时尚产品开发创新、纺织服装智造和低碳减排生产等领域的产业规模和聚集程度处于国内领先地位。其纺织服装产业链配套完整，上游主要负责纺织品的生产，中游集中于面料丝印染与精加工，而下游主要是服装服饰产品的制造。从纤维制造、纺纱、印染、设计、制作、物流到销售，均体现出成熟的产业分工与产业合作的全链路协同，市场企业活跃，就业带动强劲。

从三省一市的产业优势角度看，上海是中国著名时尚之都，集聚大量的纺织服装设计人才，拥有最丰富的国际前沿流行趋势，为纺织服装产品的创新开发贡献力量。浙江是纺织印染和时尚服装的主要制造地，掌握服装制造的核心工艺，打造了中国最强的时尚电商直播基地。江苏省纺织服装集群和特色名镇数量最多，分别占全国的 20%、30%，服装智能制造示范车间 52 家，长三角区域中也是占比最多。安徽省自然资源丰富、劳动力成本低、承接长三角纺织服装外包业务较多，向高价值链发展的潜力大。

从长三角服装院校的创新资源来看，约有 30 所普通高等教育院校开设服装设计专业，有 33 所高等职业院校开设服装设计类专业，凝聚博士、硕士、本科、专科兼备的高配置、多梯队创新力量，助推区域内服装产业集群的数智化转型。根据高等教育评价专业机构上海软科公司发布的 2021 年中国服装设计类高校前 20 强排名，区域的浙江理工大学（排名第 3）、东华大学（排名第 4）、江南大学（排名第 5）、中国美术学院（排名第 6）、苏州大学（排名第 8）、温州大学（排名第 10）、安徽工程大学（排名第 18），聚集培养大量的纺织服装设计高级创新人才。通过长三角时尚产业联盟、长三角纺织服装内外贸双循环发展联盟、长三角纺织产教联盟、多个省级纺织服装产教联盟等协作平台，提高纺织服装职业教育人才培养的吻合度和贡献力。区域内纺织服装领域双一流建设学科、双高职业院校和众多企业资源，在产教融合、科学研究、技术服务、对外交流、人才联合培养、教育教学与培训、实训基地建设与就业等方面开展深度合作，为长三角服装产业集群的高质量发展提供创新人才保障。目前，长三角地区纺织服装产业在工业产量、外贸出口、产业集群分布、品牌发展方面的表现如下：

（一）服装工业产量概况

长三角区域内纺织服装工业产量极其庞大，三省一市统计局的数据显示，2018 年规模以上企业约 16376 家，占全国比重 45.8%，实现主营业务收入 21074.81 亿元、利润总额 1105.8 亿元，分别占全国总量 40.4%、41.5%，服装产量占全国总量 32.2%。2019 年规模以上纺织服装企业营业收入 22203.57 亿元，占全国比重 36.21%。其中化学纤维制造业营收 6109.33 亿元，占全国 66.85%，纺织业营收 9575.12 亿元，占全国 38.82%，服装服饰业营收 4772.6 亿元，占全国 30.56%，皮革毛皮业及制鞋业营收 1746.52 亿元，占全国 14.72%。2020 年的世界经济在新冠疫情影响下，国际多边体系面临颠覆性挑战。虽然长三角区域规模以上的纺织服装企业数量增至17626家,但全年营业收入下降至14931.41亿元(图2-2)。其中,苏州纺织服装规模以上企业主营业务收入2889.9亿元,南通1974.9亿元、无锡1951.5亿元、绍兴1879.8亿元、杭州1665.4亿元、宁波1291.5亿元;湖州、上海、常州、盐城、金华、泰州、扬州等城市纺织服装规模以上主营业务收入超500亿元;上述城市合计超过长三角纺织服装规模以上企业主营业务收入的2/3。

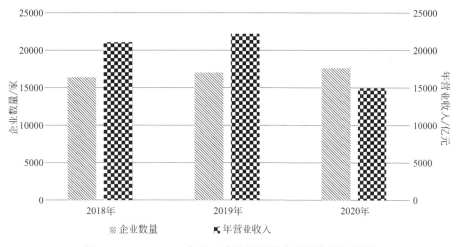

图2-2　2018—2020年长三角纺织服装产业经济指标情况

《2020—2021年中国纺织工业发展报告》的数据显示,2020年,长三角区域年产的棉布、色织布、印染布、化学纤维、非织造布、服装类的机织服、针织服、衬衫、西服套装、羽绒服等产业主要产品的全国产量占比都很高,是我国纺织服装的重要产区。其中棉布、色织布、印染布、化学纤维、非织造布的年产量分别为592115万米、95175万米、3773506万米、476070万米、2193455吨,全国占比分别为31.69%、65.11%、71.87%、44.70%、37.88%(表2-1)。

表2-1　2020年长三角地区纺织工业产量数据

地区	棉布 /万米	色织布 /万米	印染布 /万米	化学纤维 /万米	非织造布 /吨
江苏省	283259	54745	706868	152598	529785
浙江省	273483	27992	3033829	278718	1277604

续表

地区	棉布/万米	色织布/万米	印染布/万米	化学纤维/万米	非织造布/吨
安徽省	33732	12248	29305	37554	320642
上海市	1641	190	3504	7200	65424
长三角地区	592115	95175	3773506	476070	2193455
全国	1868664	146183	5250276	1064961	5790825
长三角占全国比重	31.69%	65.11%	71.87%	44.70%	37.88%

2020年，长三角地区服装年产635551万件，机织服装297733万件，针织服装337818万件，衬衫19132万件，西服套装7780万件，羽绒服3705万件，全国占比分别为28.41%、31.70%、26.03%、50.27%、36.12%、37.00%。区域内江浙两省的纺织服装产业优势尤为突出，浙江在印染布、化学纤维、非织造布、服装等方面的工业产量最高，江苏省在色织布、羽绒服的产量领先（表2-2）。

表2-2 2020年长三角地区服装工业产量数据

地区	服装/万件	机织服装/万件	针织服装/万件	衬衫/万件	西服套装/万件	羽绒服/万件
江苏省	230801	123575	107225	7292	2459	1572
浙江省	293485	107587	185899	8220	3363	1002
安徽省	80794	48929	31865	2590	1619	863
上海市	30471	17642	12829	1030	339	268
长三角地区	635551	297733	337818	19132	7780	3705
全国	2237252	939208	1298039	38056	21541	10023
长三角占全国比重	28.41%	31.70%	26.03%	50.27%	36.12%	37.00%

（二）纺织服装外贸概况

中国自从2001年加入世界贸易组织（WTO）后，始终是全球纺织服装第一出口大国。近年来，随着国内产业结构的转型升级，我国部分低附加值纺织服装密集型生产线开始向东盟国转移，但出口贸易值依旧超过世界出口总额的30%。2018—2021年,我国服装贸易稳步进行,2018年中国服装出口额1604.27亿美元,2019年服装出口额1513.67亿美元,2020年服装出口额1373.82亿美元,2021年服装出口额达1702.63亿美元,均位列世界第一位。由于长三角纺织服装产业链完备,具备较强的国际合作和融合发展优势,浙江的纺织服装产业国际竞争力综合指数全国排名第一,江苏排名全国第二,上海排名全国前六,成为中国纺织服装外贸的第一梯队。2010年以来,三省一市的对外贸易始终保持正增长,占据全国进出口总额的四成。三省一市的海关数据显示,2018年长三角地区纺织品、服装出口额分别为792.48亿美元和714.14亿美元,分占中国出口额的44.51%和62.30%。2019年长三角地区纺织服装出口总额1415.09亿美元,2020年在全球疫情蔓延的背景下,长三角地区纺织服装出口总额下降为1106.54亿美元(图2-3),2021年长三角地区纺织服装出口总额较上一年有所回升,浙江和江苏的纺织服装出口额排名全国第一、第二。

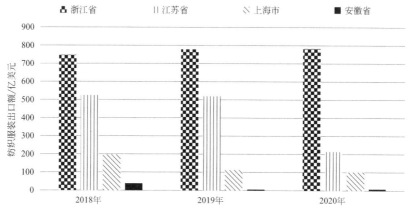

图2-3 2018—2020年长三角纺织服装出口额变化情况

(三)服装产业集群规模

产业集群化发展是现代工业国家产业的突出特征,也是促进全行业高速成长的重要原因。中国纺织服装产业集群涵盖从纺织化纤、织物织造到印染后整理、服装生产的完整产业链，主要分专业市场推动型集群、出口导向型集群、大企业主导型集群、中小微企业协同型集群、园区艺创型集群等5大类。长三角服装产业集群以小镇、区县为单位，呈现出起步早、发展快、数量多、专业性强、辐射广的明显特点。

中国纺联流通分会的数据显示，2021年，我国万平方米以上纺织服装专业市场914家，市场总成交额达到2.33万亿元，市场商户数量114.20万户。其中，主营服装产品的专业市场485家，在各品类中成交额最高，达9408.68亿元，占总成交额的40.46%，同比上升0.28%。中国工业和信息化部公布的全国46家纺织服装创意设计试点园区（平台），长三角共计19家，占比41.3%，含浙江12个、江苏4个、上海2个、安徽1个。中国纺织工业联合会公布的2019年全国197个纺织产业集群的数据显示，长三角地区的服装特色名城11个，含江苏4个、浙江7个；长三角地区的服装特色名镇18个，含江苏11个、浙江6个、安徽1个；纺织产业基地市（县）15个，其中，江苏8个、浙江6个、安徽1个；长三角地区纺织产业特色名城10个，含浙江9个、安徽1个；长三角地区纺织产业特色名镇47个，含江苏25个、浙江22个（表2-3）。上述集群资源集聚效应、分工效应、学习创新效应、竞争与合作效应、协同与溢出效应等能够有效提升集群内的竞争力，并促进集群形成独特的区位优势，如浙江省萧山市化纤集群、绍兴纺织面料集群、海宁市服装集群、诸暨市袜业集群、江苏省苏州市盛泽镇丝绸集群、常熟市服装集群等。

表2-3 长三角地区纺织服装产业集群数据

省(市、地区)	纺织服装创意设计试点园区（平台）	服装特色名城	服装特色名镇	纺织产业基地	纺织特色名城	纺织产业特色名镇
江苏省	4	4	11	8		25
浙江省	12	7	6	6	9	22
安徽省	1		1	1	1	
上海市	2					

续表

省(市、地区)	纺织服装创意设计试点园区(平台)	服装特色名城	服装特色名镇	纺织产业基地	纺织特色名城	纺织产业特色名镇
长三角地区	19	11	18	15	10	47
全国	46	41	49	27	34	49
长三角占全国比重	41.3%	26.8%	36.7%	55.6%	29.4%	95.9%

（四）服装产业集群的上市企业

截至2020年底，沪深两市纺织服装类上市公司数量192家，总市值约19658.73亿元。其中，2020年共有18只新股上市，占年度IPO企业的4.55%，是近二十年来增长速度最快的一年。中商产业研究院整理发布的"2021中国纺织业上市企业市值排行榜"，市值累计达7867亿元，上榜的上市企业门槛值达7.9亿元。除去榜单中的珠宝首饰企业，100家在沪深AB股上市的纺织服装企业，均为具有全国影响力的龙头企业。服装服饰类上市企业浙江省22家、上海市10家、江苏省10家、安徽省3家，如雅戈尔、海澜之家、森马、太平鸟、地素、红豆、报喜鸟、美特斯邦威、罗莱、安正、日禾戎美、锦泓、起步等。纺织化纤行业前6位龙头企业中5家位于长三角，其中苏州市东方盛虹，桐乡市桐昆股份、新凤鸣，杭州市恒逸石化、荣盛石化5家企业涤纶长丝名义产能市场占有率高达46.9%。此外，在港股上市的国内纺织服装公司有24家，其中长三角区域12家，占50%，有浙江省宁波的申洲国际、杉杉，杭州的江南布衣、华鼎，义乌的博尼，江苏省常熟的波司登，上海市的滔搏、天虹纺织、华信等。上述数据显示尽管长三角区域龙头企业的出色表现在全国范围内起到领军示范作用，但对标欧盟、美国、日本等世界先进服装时尚产业集群仍然存在一定差距。一大部分企业依旧采用模仿加工和贴牌加工的生产模式，设计、品牌、研发等附加值高端环节薄弱，全球化经营水平相对落后，企业塑造的品牌认可度相对偏低。

第二节　长三角服装产业集群面临的挑战

目前，我国制造业和世界先进国家在自主创新能力、资源利用效率、信息化程度等方面依旧存在着差距，随着经济发展进入疫情常态化时期，制造业转型升级和跨越发展的任务紧迫而艰巨。根据加快转变经济发展方式和走新型工业化道路的总体要求，中国将力争通过"三步走"实现制造强国的战略目标，第一步是力争用十年时间，迈入制造强国行列；第二步是到2035年，我国制造业整体达到世界制造强国阵营中等水平；第三步是到中华人民共和国成立一百年，制造业大国地位更加巩固，综合实力进入世界制造强国前列。智能制造是《中国制造2025》确立的主攻方向，是落实我国制造强国战略的重要举措，也是推动纺织制造迈向中高端、加快纺织产业高质量发展和纺织强国建设的必然选择。

一、长三角服装产业集群数智化转型的优势

长三角服装产业相关企业的设备信息化、数字化、智能化改造投入较大，智能装备联网、过程监控管理透明化，纺纱和化纤原料生产车间无人化，逐渐形成数字化、智能化印染工厂，服装柔性化生产与个性化定制得到快速发展。上文的统计数据显示，在浙江、上海、江苏、安徽四地拥有19个纺织服装创意设计试点园区、18个服装特色名镇、11个服装特色名城，浙江杭州、柯桥、桐乡、海宁，江苏吴江、江阴、常熟等重点服装产业集群的年主营收入过千亿，具备国际先进水平的纺织服装技术研发中心、时尚创意中心、高端制造中心和生产性服务体系，率先建设服装智能制造示范基地。

中国纺织工业联合会在2018—2019年发布了39家纺织服装行业智能制造示范企业名单，其中，长三角区域纺织服装企业入围22家，占56.4%，含江苏省12家、浙江省7家、安徽省3家。近年来，长三角区域有7家纺织服装企业被列入中国工信部遴选的智能制造示范工厂名单，分别是浙江省宁波市慈星股份、温州市报喜鸟服饰股份、嘉兴市新凤鸣集团、绍兴市柯桥区迎丰科技、江苏省南通市大生集团、常州市波司登羽绒、安徽省安庆市华茂纺织。通过打造一大批服装产业智能制造工厂，将与产品相关的工作流程，包括设计、研发、打样、生产和销售等环节，进行数字化技术链接、融合并推动智能化应用，带动长三角服装产业集群的数智化转型升级。

二、长三角服装产业集群新基建发展遇到的瓶颈

随着5G/6G、人工智能、工业互联网、区块链为代表的国家数字化新基建加速释放溢出效应，长三角服装产业集群进入了新技术应用的窗口期、新模式融合的关键期和新动能培育的攻坚期，3D数字化、虚拟现实（VR）、人工智能、大数据等技术在生产端的应用和产业互联网的建设将成为时尚数字经济的重点。面对新产品、新链接、新制造、新零售等服装多业态的浪起云涌，产业集群亟须解决以下痛点：

第一，后疫情时期的经济形势震荡起伏，服装企业大多面临运营成本加剧、市场拓展乏力、用户黏度低的普遍问题。

第二，面对Z世代消费者追求产品个性化、高端化、本土化、社会网络化的趋势，如何突破服装供应链周期长，个性化定制生产难，小批量的试销成本高，小单快返难、交货期没有保障，生产品质不稳定等一系列问题。

第三，产业链上下游企业信息孤岛多，缺乏准确的协同数据，导致严重依赖个人经验；无法有效协同管理，导致差错率高、达成率低。

第四，产业集群中各类型企业、专业市场、产业园区的数字化、网络化、智能化基础设施建设较为薄弱，改造时缺乏明确步骤和目标，存

在一定盲目性，亟须快速为系统赋能升级。

第五，中小企业缺乏数字转型人才，难以支撑企业进行信息系统软件、人工智能算法、数据应用、虚拟网络空间的管理与服务以及法规、标准等渐进式新基建发展。

依托产业互联网平台的新基建发展，提升面辅料采购过程中任务化、可视化、网络化的精准对接，实现面辅料的扁平化供给；提升设计思维与任务的数据化，设计师与ODM买手随时保持实时沟通、在线评款，所有文件进行数字化储存；提升智能制造技术智慧化，将生产工序以节点形式展现，工人的完成情况通过扫描唯一码实时上报，生产进度可视、可控、可预警，有助于管理者及时发现产能瓶颈；对外发厂的生产管理，可以通过移动跟单轻松实现。提升物流垂直化管理，工厂具备尾部直发能力，货品可以直供终端，直供消费者；提升销售拓客效率，通过线上直播＋线下场景的可视化、服务线上化，增强客户信任度；同时销售数据回流到商品企划部门，指导下一周期的采购，提升物料预测的确定性等方面的智造技术赋能、数据化思维、信息化应用程度共融的全链路数字化建设，实现产业提质增效和可持续创新发展，将是服装产业集群向数字化和智慧企业转型成功的关键所在。

第三章

浙江省服装产业集群发展现状

第一节　浙江省服装产业集群的现状分析

浙江以其自身悠久的历史、优越的地理区位、完善的经济结构、有效的城乡融合、迅捷的区域协调机制，逐步成长为我国经济发展的重点区域。2014年11月，浙江省被列入国家农村信息化示范省；2019年10月，入选国家数字经济创新发展试验区；2022年4月，入选数字人民币试点地区。2021年，浙江省生产总值为73516亿元，按可比价格计算，比上年增长8.5%，两年平均增长6.0%。服装作为浙江历史经典产业和重要民生产业，历经石器时期、农耕时期、工业时期到当下的数智化时期，有着近5000年的悠久历史和深厚的文化底蕴。从纺织纤维生产、面料印染、家纺皮革、服装服饰等生产与销售，已形成种类齐全、创新强劲、市场活跃的纺织服装品牌和产业链上下游协同发展的产业集群，也是中国服装行业的重要集聚区，在全省乃至长三角的经济发展中起到了重要的作用。在消费升级、技术创新和数字化转型等新一轮社会变革中，以纺织服装为主的时尚产业被列入浙江省八大万亿产业之一，服装产业集群围绕着振兴实业、"一带一路"、智能制造、科技创新、绿色环保进行高端化、智能化、科技化、数字化转型，成为浙江省"十三五"经济发展的重要引擎。2021年7月，浙江省人民政府印发了《浙江省全球先进制造业基地建设"十四五"规划》，其中明确指出打造国际一流的现代纺织和服装产业基地，打造服装世界级先进制造集群。

一、浙江服装产业发展规模平稳增长

改革开放以来，浙江省服装产业充分发挥自身的区位优势，吸引外资和引进国外先进技术和理念,加快生产设施的更新换代,解决原先产业结构和增长方式不合理、产品技术含量和附加值较低、品牌建设薄弱、自主创新能力不足等部分问题,促进了纺织产品如化学纤维、毛呢、纱和丝织品的生产总量的提高,带动了服装业迅猛变化,使得浙江省纺织服装产业总产值增长 7.1 倍,较同期全国纺织服装业 4.6 倍增长,增长速度明显高于全国水平,进入我国服装业的领先位置。随着 2001 年中国正式加入世贸组织,尤其在 2005 年取消配额后,浙江纺织服装产业形成了上中下游相衔接、门类齐全的产业体系,出口贸易总量与产品整体质量素质都取得明显提升。2008 年《中国纺织工业发展报告》的数据显示,2001—2008 年期间,浙江纺织服装产业的工业总产值、工业增加值、纺织品服装出口额的年均增长率 23.2%,服装产量在 1989—2008 年的 20 年间增长了 16 倍,其中,2008 年浙江纺织品服装(含鞋类)出口额达 465.50 亿美元,很多类纺织品服装产量仅次于江苏(表 3-1),居全国第二,大程度上促进了国民经济的高质量发展。

表 3-1 2008 年浙江省纺织大类产品产量数据及全国排名

产品类型	浙江产量	全国排名	产品类型	浙江产量	全国排名
化学纤维	1054 万吨	1	粘胶纤维	17.97 万吨	1
合成纤维	1036 万吨	1	锦纶	21.1 万吨	1
涤纶	900 万吨	1	纱	163.6 万吨	4
布	121 亿米	2	棉混纺布	16.78 亿米	1
化纤布	82 亿米	1	印染布	276.65 亿米	1
帘子布	175089 吨	1	呢绒	9715 万米	3
丝	67264 吨	1	丝织品	544083 万米	2
非织造布	22 万吨	1	服装	410127 万件	2
羽绒服	2692 万件	2	衬衫	40359 万件	1
聚酯	416 吨	1	合纤单体	137.7 万吨	2

《浙江省 2010—2018 年年鉴》数据显示,2009—2017 年,浙江纺

织服装产业（含纺织、服装、鞋帽、皮革、羽绒、化纤等企业）的工业总产值总体保持增长趋势，前期增长缓慢，2012年后增长幅度增大，规模以上纺织服装、服饰业企业数量在2009年、2010年递增；但从2011年起，在工业总产值保持逐年稳定增长的情况下，纺织企业数量出现锐减。出现上述情况的原因，一是在此期间，浙江省大力发展电子、计算机、汽车等产业，使得纺织企业数量对于制造业规模从三分之一下跌到四分之一；二是由于全省纺织产业进行机械化程度提升与信息化发展的转型升级，纺织业中小企业被强制要求整改，技术含量较低的纺织企业大幅度向东南亚国家转移，省内从业人数总体上呈现逐年减少的趋势（图3-1）。

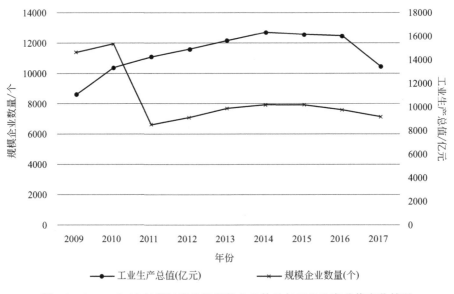

图3-1　2009—2017年浙江省纺织服装企业数量与工业生产总值变化情况

浙江省近四年的统计年鉴数据显示，2018年，浙江省纺织服装业规模以上企业数达9237个，占全国比重的20.73%，实现工业总产值10046.37亿元，主营业务收入和利润总额分别为10184.04亿元和504.03亿元，分占全国比重的13.96%和14.59%，平均用工人数为102.86万人，占全国比重的15.41%，纺织品服装出口额524.55亿美元。2019年，面临中美贸易摩擦不断和国际贸易增长呈现放缓局面，全省纺服企业积极进行结构调整和务实创新，加快增长动能转换，虽然运行质效略有波动，但行业总体保持基本平稳的发展态势。全省纺织、服装、服饰、化纤业规模以上企业数达9822个，实现工业总产值10726.91亿元，主营业务收入和利润总额分别为10969.18亿元和446.78亿元，纺织品服装出口额778.52亿美元；其中，生产各类服装31.68亿件，占全国总产量的12.9%，处于全国第一梯队。2020年，虽然新冠病毒疫情和国际复杂形势对浙江服装产业产生一定冲击，但在全球市场和国内经济环境的双向支持下，浙江省服装产业坚持以科技创新和产业数字化转型为核心，加快调整发展战略，有生产有序恢复、质效明显回升、口罩和防护服等防疫物资出口加大、数字化转型步伐加快，很快出现"触底回升、承压上行"的良好局面。浙江省在2020年纺织、服装、服饰、化纤业规模以上企业数达9495个，实现工业总产值9326.15亿元，主营业务收入和利润总额分别为9581.92亿元和380.96亿元，纺织品服装出口额782.61亿美元。其中，2020年浙江省服装行业比重为13.83%，相比2019年小幅上升，相比2016年增加了近4个百分点，浙江省服装行业在全国的地位逐渐上升。浙江省经济与信息化厅公布的数据显示，2021年，浙江省纺织、服装、服饰、化纤业规模以上企业增至11505家，实现工业总产值10003亿元，主营业务收入10716亿元，收入利润额532亿元，纺织品服装出口额822亿美元，较上年增长分别为7.25%、11.83%、39.64%、5%，超过广东省，重新位居全国第一（图3-2）。

综合以上变化情况数据可以发现，浙江省纺织服装产业在2009—2018年总体呈现平稳上升趋势。在早几年由于产业政策的新实践，存在小幅波动，在2016年受外部经济环境与服装产业技术革新影响，主营业务收入与利润总额下降至低值，但同期新产品产值率达到最高值，说明此变化的来源是产品设计技术的革新，在经历阵痛期后，水平将稳步提升。

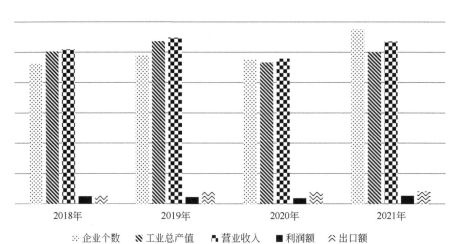

图 3-2 2018—2021 年浙江省纺织服装产业变化情况

二、浙江服装产业集群特点分析

服装产业是浙江省传统优势产业之一,也是浙江省着力打造的四大世界级先进制造业集群和十大标志性产业链之一。在近二十年的发展历程中,浙江省服装产业从自发聚集到政府引导,逐步形成以杭州、宁波等新一线城市,嘉兴、温州等二线城市为中心,辐射至周边市县镇的专业市场推动型、出口导向型、大企业主导型、中小微企业协同型、园区艺创型等专业化、特色化、多元化的产业集群格局。"十三五"期间,浙江省服装产业以数字化驱动、创新设计为引领,时尚品牌为标志,在传统优势制造业的基础上,逐渐向个性化定制设计研发、柔性智能制造、智慧服务零售等新模式转型升级,先后形成杭州女装、宁波男装、瑞安男装、乐清休闲服、海宁皮革、濮院毛衫、平湖服装制造、织里童装、湖州丝绸、嵊州领带、大唐袜业等 14 个超 50 亿的产业集群;拥有的 55 个服装产业园区中,包括临平艺尚小镇、宁波的创客 157、太平鸟时尚中心、前洋 26、智尚、云裳谷、平湖服装文化等 12 个国家级纺织服装创意设计试点园区(平台);森马、雅戈尔、申洲、太平鸟等 10

家雄鹰企业，27家沪深港股上市公司，14家单项冠军示范（培育）企业，8家隐形冠军企业，24个时尚产业项目入选浙江省数字化车间/智能工厂。

（一）专业市场推动型服装产业集群特征

专业市场推动型产业集群属于所在的市县镇内部开办一定规模的服装市场。产品主要是面向国内市场销售，建立了完善产销服务链，扮演着服装集群里生产与流通的组织者的角色，属于中国服装产业里最有代表性的集群。如被誉为"中国服装第一街"的杭州四季青服贸市场，创办于1989年10月，目前由（新老）意法服饰城、（新老）杭派服饰城、（新老）中洲服饰城、华贸服饰城、常青女装城、九天国际服装城、九天环北服装城、置地男装城、佳宝童装、昆龙童装等18个服装市场组成。这类专业市场推动型集群在服装成衣销售和信息流通方面占有明显优势，营销网络遍布全国各地，渗透东南亚、欧洲、美洲市场。随着近三年来疫情防控常态化发展，杭州四季青服贸市场在避免以往的产品同质化竞争，提升进货渠道及组货能力、档口陈列及搭配能力、模特穿版与带货能力等营销方面做出积极转变。

（二）出口导向型服装产业集群特征

出口导向型集群最大的特征是出口占服装产值的50%以上，却没有开办专业市场。这类集群中，有一半以上的集群形成了与服装生产相关的产业链。由于国际代工中每次可以从发达国家的买家获取大量订单，该类集群不太参加各类展会，对吸引更多的买家或者确立区域品牌不热衷，但却是我国出口、就业和经济增长的重要支撑。浙江省纺织服装对外出口依托优越的海运条件和商贸政策，成为全国外贸出口强省。浙江省2017—2021年的年鉴数据显示，浙江省纺织服装（含鞋类）产品外贸额占比所有产品外贸总额的21%～27%（图3-3），全省现拥有商务部认定的15个国家外贸纺织服装转型升级基地，平湖市被中国纺织工业联合会、中国服装协会联合授予"中国服装制造名城"称号,并连续8次通过复合审查。平湖服装产业集群始于20世纪80年代,目前拥有服装制造企业2000多家,年生产服装约3亿件,年产值130亿元,成为 NIKE、Armani、Reebok、华伦天奴、LEE、TOM TAILOR、RAINFOREST、THE NORTH FACE 等100多个世界顶尖服装品牌的ODM供应商,95%的服装出口日本、欧美等85个国家和地区。但随着国际市场的不确定性、行业竞争日趋激烈等因素,平湖服装产业集群在加工制造领域向自动化、智能化和数字化升级;在争创品牌领域向自主研发设计和品牌营销转型,推动服装产业集群不断向价值链高端攀升。

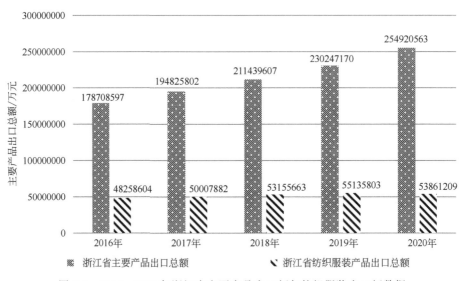

图 3-3　2016—2020年浙江省主要产品出口额与纺织服装出口额数据

(三)大企业主导型服装产业集群特征

大企业主导型集群是以本土的大企业为核心发展起来的,以国内市场销售为主和国际市场销售为辅。大型龙头服装企业不进入市场型集群,其注重自身品牌效应打造,自行组织产品的研发、生产与销售。这些优秀企业无论是在设计理念和企业文化塑造,还是在品牌运营方面都具有头雁示范作用,促进整体服装产业的发展与壮大。2021年,在 A

股和港股上市的浙江省纺织服装企业中有 4 家营收突破 100 亿，分别是申洲国际、森马、雅戈尔、太平鸟；报喜鸟、江南布衣、伟星股份、健盛集团、达利国际、华鼎控股、乔治白、杉杉、万事利等企业的年营收均有增长，充分发挥龙头企业规模效应及良好产业生态（表 3-2）。就目前而言，上述大型服装企业积极应对消费变革和新一轮科技与产业变革，持续深化绿色制造、智能制造改革，以科技创新为桥梁，每年投入大量研发费用，对设计、工艺、技术、设备等进行改进、创新和运用，打造产业集群制造升级的硬实力和文化建设的软实力，不断驱动服装产业革新，引领服装产业集群的发展。

表 3-2　2021 年浙江省主要上市服装企业营收与业务汇总

公司简称	营业收入/亿元	重点布局区域	服装业务概况
申洲国际	238.45	境外	公司总部在宁波，产品涵盖运动服、休闲服、内衣、睡衣等所有针织服装。主要市场包括中国内地、日本及欧美，服务品牌有优衣库、耐克、阿迪达斯、彪马等
森马	154.20	国内	公司总部在温州，以休闲服饰、儿童服饰为主导产品的企业集团。旗下拥有以森马品牌为代表的成人休闲服饰和以巴拉巴拉品牌为代表的儿童服饰，并于 2018 年收购法国知名童装企业 Kidiliz 集团
雅戈尔	136.07	华东	公司总部在宁波，主营男装业务。近年来，实现了全产业链覆盖，上游已经延伸至棉纱种植及研发领域；在供应体系上形成了"自产＋代工"的模式；还形成了雅戈尔、Hart Schaffner Marx、MAYOR、汉麻世家为代表的多元化品牌矩阵
太平鸟	109.212	华东	公司总部在宁波，聚焦快时尚服饰，拥有太平鸟女装、太平鸟男装、MINIPEACE、乐町、HOMEPAGE、贝斯堡等服饰品牌，和魔法风尚 B2C 电商平台，初步构建了太平鸟多品牌、多渠道的品牌服饰经营体系
报喜鸟	44.51	国内	公司总部在温州，主营高档全品类男装品牌。拥有或代理的品牌包含报喜鸟、HAZZYS、Camicissima、Lafuma、东博利尼、宝鸟等。同时，职业服、校服团购业务稳步增长

续表

公司简称	营业收入/亿元	重点布局区域	服装业务概况
江南布衣	42.96	国内	公司总部在杭州,拥有休闲女装品牌 JNBY、男装品牌 CROQUIS、职业女装品牌 LESS、青少年装品牌 Pomme de terre、童装品牌 jnby by JNBY、家居品牌 JNBYHOME 等多品牌支撑的设计师品牌集团,主要市场在中国内地、香港及海外北美区域
伟星股份	33.56	全球	公司总部在台州临海,主营拉链、金属制品、纽扣等服饰辅料的生产与销售。市场包括中国内地以及欧、美、亚、非、大洋洲等,是中国服装辅料领军企业
健盛集团	20.52	境外	公司总部在杭州萧山,是全球产能规模最大、配套最全的袜品企业和无缝运动服饰制造商,拥有自主品牌 JSC
达利国际	23.61	全球	公司生产基地在杭州,建立丝绸印染、后整理和成衣设计及制造、销售一体化供应链体系,是国际知名丝绸纺织及服装企业。旗下 August Silk 是全球销量最大的中国丝绸女装品牌,还拥有 Theme、城市俪人、达利发、雅慕等品牌
华鼎控股	13.16	国内	公司总部在杭州,以丝绸服装为主,产品80%出口欧美,20%为内销。旗下拥有女装 FINITY(菲妮迪)、LANIE、Dbni、MAXSTUDIO,男装 RIVERSTONE、潮牌(Trenta、SG)等知名服装品牌,和 Burlington House 家纺品牌
乔治白	13.04	华东	公司总部在温州,主营高档男装系列、职业装系列、校服系列,拥有 G73、JZZ 男装品牌
万事利	6.7	华东	公司总部在杭州,是以丝绸文化创意为主业的集团,在丝绸面料生产、印染以及丝绸服饰设计、制作与销售的基础上,拓展出丝绸文化产品、高端丝绸装饰品及丝绸艺术品三大领域

(四)中小微企业协同型服装产业集群特征

中小微企业协同型服装产业集群是指常年活跃在区域范围内能够进行正常服装生产经营活动的规模较小的各类企业,它们具有一定的创新模仿能力，专业从事休闲衫、职业装、高级时装、女装、西服、衬衫、童装、皮革等众多产品生产制造或销售贸易。中小微企业协同型是浙江杭州、宁波、温州、嘉兴、湖州等市县镇最主要的服装产业集群。大量女装、男装、童装、潮牌、国风、电商、加工型等中小企业与品牌，一是围绕龙头企业承接设计、生产、物流、培训等具体业务，二是通过产业联盟、行业协会等方式实现优势互补和资源整合，共同应对复杂的外部市场。发生疫情以来，中小微企业协同型服装企业均面临着物流受阻、原材料短缺、员工出行受限、经营成本上涨以及订单不足等主要问题。如何培育研创型本土品牌，以订单驱动加速加工型企业整合抱团，推动中小微企业的货品精准对接电商、直播、跨境、批发等渠道，创新"服装＋IP/文化/跨境/科技"的融合，贯通创新链、产业链和资金链，打造产品个性化、供应链智能化、流量去中心化、变化场景内容化、用户体验数字化、服务专属化的服装产业生态共同体系是其转型升级的关键所在。

（五）园区艺创型服装产业集群特征

园区艺创型服装产业集群指由政府主导，集聚服装研发设计、产品开发、创业创新服务资源，为服装企业提供创意设计支撑的载体和平台。服装产业园区的分布与政策导向、区域发展、产业优势、营商环境、地理位置、人口分布等多种因素密切相关。截至2021年，浙江省有55个服装产业园区，包含嘉兴16个、杭州11个、湖州11个、绍兴8个、金华4个、宁波3个、温州2个，先后有12个园区被中国工信部认定为国家级纺织服装创意设计试点园区（平台），2个园区被认定为国家级纺织服装创意设计示范园区（平台），这些服装产业园区共同推动着杭绍甬金温数字时尚、智能制造、绿色低碳的服装产业大走廊建设。

如杭州市临平区的艺尚小镇，作为接轨大上海融入长三角的重要服装时尚园区，于2015年6月被列入第一批省级特色小镇创建名单，

2018 年被评为省级标杆小镇、全国首批纺织服装创意设计试点园区。小镇引进 ROZE、张义超、陆敏超、刘思聪、王玉涛、肖红、李加林等 30 位国内外顶尖设计师入驻；集聚伊芙丽、INXX（英涉）等企业 1889 家，其中区域性服装企业总部近百家；联合圣马丁等国际时尚院校、中国美术学院、浙江理工大学等 21 家国内服装高校力量入驻小镇，创建浙江省产教融合示范基地，中国服装科创研究院正式揭牌运营，致力打造集共享智慧工厂、设计创意高地、新零售街区、创新孵化基地、电商网红直播基地于一体的"世界级时尚小镇"，引领全省服装产业集群的高质量发展。

第二节 杭州丝绸华服产业数智化发展案例

以浙江省杭州市为首的杭嘉湖地区是我国最为重要的丝绸生产基地，不仅成为浙江最亮丽的名片，也成为经典产业和中国丝绸的中流砥柱。丝绸华服文化的弘扬与推广与其产业自身发展息息相关，然而其产业正面临互联网电商改变传统营销渠道、产品设计创新不足、文化附加值偏低、同质化发展缺陷、生产成本转高、贸易增长乏力等一系列现状。如果浙江丝绸华服产业在未有效解决上述问题的情况下去传承丝绸华服文化并做出创新发展，谈何容易。2015 年浙江省政府发布《浙江省时尚产业发展规划纲要》，让浙江杭州作为"丝绸之府"及古"丝绸之路"的重要起点，赋予其新的时代内涵和发展方向。

一、杭州丝绸华服产业的传承与创新

杭州——中国丝绸之府与女装之都，地处风雅钱塘，秀丽的江南景致、悠久的岁月积淀、深厚的人文底蕴、绝伦的传统技艺让丝绸华服散

发着温婉灵动、淡泊致远、细腻悠扬的情怀。早在四千七百多年前的良渚文化时期，杭州先民就开始养蚕织绢；杭州丝品在汉代通过路上"丝绸之路"远销欧洲地中海地区；唐代上贡丝品有纹纱、绯绫、白编绫；两宋期间的宋罗、萧山纱、唐绢、销金缎等通过日益繁盛的"海上丝绸之路"绕过南洋抵达阿拉伯海岸。明清时期的杭州皆有设立官办织造局，专门生产宫廷御用丝织品，成为我国最为重要的丝绸生产基地。民国时期的首届西湖博览会就专门设立丝绸馆，20 世纪 30 年代盛行的中西合璧旗袍花样不断翻新。

随着时代发展和历史变迁，丝绸与华服进行完美结合，共同发展。杭州丝绸华服业界人士积极响应我国"一带一路"的倡议决策和"大众创业，万众创新"的伟大号召，配合国家"十三五"中"大力发展信息、环保、健康、旅游、时尚、金融、高端装备制造等七大产业，做大产业规模，明确发展重点，完善发展政策"的规划，以寻找华夏根、颂扬民族魂为己任，积极酝酿与勃发、积淀与弘扬我国优秀服饰文化的内在力量。杭州丝绸华服行业致力继承与发展中国丝绸与服饰文化的宝贵财富，提升浙江丝绸华服产业与杭州"丝绸之府"的文化内涵，实践《中国制造 2025 杭州行动纲要》，接轨杭州市政府实施"全信息化、全数字化、全智能化、全自动化"的"一号工程"，充分利用移动互联网的创新平台，通过搭建华服产业联盟，成立杭州华服科技信息有限公司，大力实施"工厂物联网""工业互联网项目"，以崭新的面貌来创新发展丝绸华服产业，孵化中国服装产业发展新的增长点和突破口。

现今，杭州拥有一大批知名的丝绸服装企业，如凯喜雅、达利、万事利、江宁、喜得宝、丝绸之路、金富春、烟霞绸艺、天下丝绸、都锦生、利民、福兴、威芸、竹筠等专业从事生产与销售丝绸与华服的企业品牌。它们传承中国传统服饰中单滚、双嵌、盘扣、贴绣、镂空等精致手艺，吸收非物质文化遗产的经典技艺，突破以往华服用料的传统，设计复古兼具时尚的高级丝绸华服，有效地推广丝绸华服文化。

(一)世界非物质文化遗产——杭罗手工织造技艺的传承

作为国内唯一使用传统工艺生产杭罗的厂家——杭州福兴丝绸厂,其杭罗纺织工艺(H1226横罗)被列为2009年世界非物质文化遗产目录,与江苏的云锦、苏缎,并称为中国的"东南三宝"。杭罗自南宋盛行,直至清朝末年均是皇家贵族常用服料,其最关键的技术是选丝、提综和水织。选丝必须用纯桑蚕丝织造,且丝的粗细一定要均匀。杭罗提综也叫绞综,是由经纬纱绞合出来的纱孔,纱孔形成的图案既好看又透气。这种纱孔是用线在纱槽上打好样,再装上去绞出来的。经过特有的"水织"技术,蚕丝更加稠密、光滑、均匀,面料细腻黏滑,透气性更好。绸面具有等距规律的直条形和横条形纱孔,孔眼清晰,质地刚柔滑爽,穿着舒适凉快。杭罗手工织造技艺就是心手相映的技艺,一靠师傅传授,二靠自己摸索领会(图3-4、图3-5)。

图3-4　研究杭罗织艺的邵官兴

杭罗纺织工艺第三代传承人邵官兴先生在杭州福兴丝绸厂打造了1000平方米的杭罗博物馆,馆内保留了目前全国仅存的八台木制传统织机继续生产手工杭罗产品,同时吸引省内各地的学子前来实践、学习杭罗文化,成为中小学生的"第二课堂"与大学生的暑期社会实践点。

图 3-5　杭罗面料成品

此外，他还与河南汴绣传承人张建淑，共同达成南宋与北宋的文化传承碰撞——在代表南宋文化的杭罗上绣出带有北宋韵味的汴绣，通过文化与创意的融合来穿越千年的丝绸之路，让杭罗的价值超乎想象。除了供给北京"瑞蚨祥"、苏州"乾泰祥"等知名老字号，杭州、台湾本土丝绸华服企业，法国、韩国等商家以及不少大牌婚纱品牌都下订单选购杭罗产品。近年来，杭罗以"非遗赋新"的方式与互联网大会、上海进口博览会、杭州 G20 峰会等大会接轨并推向世界，实现传承千年美学，创新古法技艺，助力乡村振兴，坚定文化自信，让传统丝绸技艺发扬光大。

（二）国家非物质文化遗产——振兴祥中式服装制作技艺的传承

2011 年被列入国家非物质文化遗产目录的振兴祥中式服装制作技艺创始于 1897 年。历经一百多年的发展，该项技艺吸收和传承中华民族几千年的服饰工匠的精髓，其责任保护单位杭州利民中式服装厂生产的女式旗袍、男士长衫及对襟短衫等是最丰富、最具有代表性的产品。该厂设计生产的旗袍在领、襟、袖、饰边和花扣之间进行繁简各异的变化，形成了"大襟、立领（又称中国领）、一字扣、撞色、镶、嵌、滚、宕、盘、钉、勾、绣"等具有鲜明中华民族服饰风格的独特技艺。

撞色：即在选用不同风格的面料时，注重对比色或者互补色等多种色相搭配，通过面料色彩中纯度、明度的灵活变化，在旗袍的各个部位进行拼接，产生视觉凸显的艺术对比和丰富的层次感。

镶边：在旗袍的领口、袖口、门襟、开衩、底摆等边缘部位镶上最细0.3厘米宽，宽至7.5厘米的斜边彩色镶条。其色彩旗袍整体效果可根据不同旗袍的样式与风格，选择同类色、类似色的柔和配色，亦可以进行中差色、对比色及互补色等撞色搭配，产生鲜明的视觉效果。

嵌线：在镶边的内边上嵌上一条圆润饱满的斜丝细线，嵌线的颜色大多根据需要采用撞色、内衬棉线，粗细一般在0.15~0.5厘米之间，给人一种精细的享受。

滚边：在旗袍的不同边缘部位内里同时包上斜边，可同色系亦可对比色或互补色，根据需要一般在0.3~1.2厘米之间均可。

宕条：在旗袍大身的不同部位根据设计要求加上饰条，大多采用撞色以体现立体感，宽度一般在0.3~1厘米之间，可1条或多条并列，要求线条圆润美观。

盘：运用回旋缠绕的手法将细长的缎带绕成曲线纹饰、几何图案或仿生造型，用灌针缝制在旗袍的不同部位上，可同色亦可撞色，产生3D浮花的效果。

钉：根据需要把装饰扣、天然或人造的珠子、宝石、水晶、碎钻等配饰用灌针等手法钉在旗袍的不同部位上，振兴祥旗袍缝制上均采用暗针手法，整件旗袍除直扣能见到线饰和采用勾针装饰的珠点外，丝毫不见针脚，外观浑然天成。

勾针：也是振兴祥专有的针法，即在旗袍的贴边或装饰部位勾划出珠点型的各种形态装饰线条，珠点可长可短，可疏可密，装饰性强。

绣：在旗袍的不同部位上刺绣出时尚或古典的花型图案，色彩绚丽、立体感强。绣又分为手绣、机绣和手推绣，其中，高档旗袍以四大名绣之一的苏绣为主，创意灵动且蕴含美好寓意。

花扣：振兴祥技艺中用整条斜丝细缎条独特纯手工精制而成，具体分为硬花扣、软花扣两大类。在工艺上分为单色、双色、多色、立体、实心、空心、填芯花扣等；在形态上可分为花草虫鸟等仿生形花，棱角分明的几何图形花扣，形态生动、活灵活现的花扣在旗袍上起到画龙点睛的效果（图3-6）。

图3-6　振兴祥旗袍盘扣样式

上述多种技法在高档织锦缎和丝绸为面料的旗袍上灵活运用，使整件旗袍产生线条美、色彩美和立体美，真可谓千变万化。振兴祥中式服装制作技艺的传人把世代相传的绝活技艺汇编成《东方旗袍》系列丛书，介绍了数百款旗袍和上百种盘扣的制作方法，在国内外重新引起中国旗袍风潮。振兴祥中式服装制作技艺传人包其文所在的利民中式服装厂曾为2008年北京奥运会设计制作颁奖礼服的"青花瓷"和"粉彩瓶"系列6个款式近200套华服，体现出浓郁的中华民族特色；为博鳌亚洲论坛首届年会20余国首脑制作了"博鳌中华衫"；作为国家非物质文化遗产亮相2014中国国际丝绸博览会暨女装展进行现场制作展示；2014年12月，根据浙江省商务厅等部门着力推进"浙江名品进名店"工程，"振兴祥"旗袍等系列华服专柜入驻杭州大厦"印象·国艺专馆"。2016年"匠·无界"浙江省非物质文化遗产传统工艺品及衍生品优秀创意设计展上，由"振兴祥技艺"设计制作的"手绘西湖十景"系列真丝素绉缎旗袍获得一致好评。振兴祥中式服装制作技艺致力于传承中国千年工匠技艺与人类非物质精神文化遗产，在传承和推广打造浙江非遗文化品牌的基础上，通过"工匠大师"精工细铸地创造，同时积极开展个性化高级定制的业务，使之重返当代人的时尚生活。

（三）浙江省非物质文化遗产——杭绣技艺的传承

杭绣始于吴越，盛于南宋，分为"宫廷绣"和"民间绣"两个流派。宋高宗设立织造机构，当时的临安城内就云集300多名技艺出众的绣工和画师，专为皇家、内苑绘绣各种服饰，被称为"宫廷绣"。城中的后市街、天水桥、三元坊、弼教坊一带有刺绣民间作坊20余处，官宦士大夫阶层的官服刺绣、贵妇的服饰刺绣，家用被面、装饰屏风、壁挂等则由"民间绣"完成。明代张应文的《清秘藏》卷上"论宋绣刻丝"记载："宋人之绣，针线细密，用线止一二丝，用针如发细者，为之设色精妙，光彩夺目。山水分远近之趣，楼阁持深邃之体，人物具瞻眺生动之情，花鸟极绰约馋唼之态。佳者较画更胜，望之三趣悉备，十指春风，盖之此乎。"由于当时刺绣行业只收男工不收女工、只传媳妇不传女儿，又称为"男工绣"，形成杭绣柔中带刚、结合工笔的艺术特色。其针法有平针、齐针、接针、套针、铺针、扎针、错针、掺针、戗针、旋针、施针、刻鳞针、长短针、盘切针、辫子股、打籽针、满绣、盘绣、锁绣、戳纱绣、平金绣、圈金绣、圈银绣、铺绒绣、堆绫绣、贴绢绣等二三十种绣法，多见于女子服饰的领抹、对襟、袖边、褡裢、佩绶、荷包处进行刺绣装饰，绣纹题材以花卉穿插昆虫为主，荟萃苏、湘、蜀、粤四大名绣的优点，形成夸张与变形的特色，达到精妙细致的高水平。

清末民初时，杭州"超祥春""范聚源"等知名刺绣作坊，提供的刺绣种类繁多，有花轿帐幔、供桌圆屏、佛堂挂幡、龙船稍旗、神服戏装等，刺绣技法多变，此时民间绣坊以男工刺绣为主，也成为了当时杭绣的一大特色。民国时期，杭州不少私立女子职业学校设立刺绣女红课，私立女校沈碧云绣制的梅屏和金致中绣制的墨梅字屏在1927年西湖博览会上荣获特等奖。新中国成立后，杭绣得到政府的重视，先后在杭州市工艺美术研究所专门设立刺绣研究室。市工艺美术学校开设刺绣班，代表人物有汪瑞华、邵咬金、张金发，创作出大量杭绣精品。2009年，杭绣被列入浙江省非物质文化遗产代表性项目名录，出现了陈水琴、赵亦军、金家虹、余知音、王晨云等一批杭绣传承人（图3-7）。

图3-7　精美的杭绣作品

进入21世纪，随着中国非物质文化遗产传承人群研修培训计划试点工作启动，各高校相继开设传统民间艺术的教学工作室。院校学生在原先选修课的基础上，直接面对杭绣大师，更为全面地得到专业技法的实践，把中国传统文化的吉祥图案进行时尚设计，通过杭绣展现别致品味，以微妙的细节处理，强调色彩、材质以及剪裁的设计，运用素淡自然的色调，将东方女性的端庄、贤淑之美传递得淋漓尽致，从不同的审美视角诠释了新中装的文化风格和时尚品位，旨在将"宫廷杭绣"技艺代代相传，弘扬中国传统文化。

（四）李加林数字艺术织锦旗袍

东汉经学家刘熙曾在《释名·释采帛》提到："锦，金也。作之用功重，其价如金，故惟尊者得服之。""杭州织锦"与"苏州宋锦""南京云锦""四川蜀锦"并称中国四大名锦，是我国传统丝绸文化中的一块艺术瑰宝，一直被视为中国传统工艺美术珍品。早在五代时，杭州出现官营丝织手工业；南宋时，杭州成为中国丝织业的中心，官营锦院和民营丝织作坊都具规模；明清两代杭州织锦业以工巧闻名全国；1922年，实业家都锦生在杭州创办都锦生丝织厂。杭锦自此分为织锦缎、古香缎和都锦生织锦三大类，人像、风景类题材是"杭锦"擅长特色。

新杭锦传人——浙江理工大学艺术与设计学院院长李加林教授，在秉承传统织锦工艺之美的基础上，结合现代计算机技术、数码仿真技术和图像处理等高新技术之美，创造性地发明了仿真彩色丝织新技术并获得国家技术发明二等奖。该技术突破了"在意匠中，一种颜色代表一个组织"的传统意匠设计理念，完全摒弃了意匠色彩与组织必须完全对应的原则，利用有限的色丝、色相在经纬交织时所产生的空间混合效果，达到丰富织物色彩的目的，从而使在织锦上实现仿真彩色的构想成为现实。科技和艺术就是经线和纬线，表达着精致、完美的艺术观点；同时又用独特、创新的艺术手法诠释着科技的最新理念，造就了织锦行业内的许多第一。世界上第一幅仿真彩色织锦画《富春山居图》、真丝织锦图书《孙子兵法》《韩熙载夜宴图》《梅兰芳戏装艺术集锦》《拿破仑跨越阿尔卑斯山》、真丝织锦唐卡《锦绣唐卡》《阿弥陀净土经变图》《大轮手持金刚菩萨坛城》……一幅幅风格迥异、美不胜收的织锦工艺品陆续诞生，频频在各级展会参展获奖。

近年来，李加林教授突破杭锦作为工艺美术品的局限，将艺术织锦技术制成丝绸面料，以高达4500种用色、密度190根每厘米的精细柔软真丝设计制作旗袍，创设了全球独家的"李加林艺术织锦旗袍"品牌。传统织锦旗袍由于不能确定衣片缝份，导致接缝处花形状断裂，影响外观。李加林艺术织锦高级定制旗袍则是先根据客户体型进行三维量体，再把数据输入电脑调整花型进行织造，确保衣片关键部分花型在接缝处达到顶级奢华的"对花"，独具风格的高科技一人一版的织锦工艺，富有浓郁的东方民族特色，是全球独一无二的首创织锦对花艺术旗袍。

李加林艺术织锦旗袍将高科技与中国传统艺术完美结合并付诸于产品中,力求把中国制造转型成中国创造,让优秀民族传统艺术与经济发展齐飞并进(图3-8、图3-9)。

图3-8　李加林艺术织锦旗袍　　　　图3-9　全球首创织锦对花旗袍技术

二、杭州丝绸华服产业文化内涵的提升

国运昌,则丝绸兴——历经5000多年的中国丝绸华服文化正处于引领时尚的复兴阶段。民谚"千里迢迢来杭州,半为西湖半为绸",千百年的技艺传承让丝绸成为在浙江杭州最亮丽的名片,也成为历史经典产业和中国丝绸的中流砥柱。提升杭州"丝绸之府"的文化内涵,突出杭州丝绸的历史文化特色,是历史赋予杭州的使命,更是丝绸华服可持续发展的动力。从政府到丝绸华服的业界人士,从高校到社会都不遗余力地为中国丝绸华服文化进行推广。

由中华人民共和国商务部与杭州市人民政府主办的"中国国际丝绸博览会"自2000年举办以来,已连续举办21届,是中国乃至世界丝绸行业的一项重要盛事。为扩大丝绸博览会的规模和影响,展会每年都在不断提升内涵和品质。如第16届、第17届依托现代信息技术,挖掘杭州"跨境电商综合实验区"优势,开创B2B(Business to Business)、

B2M（Business to Media）及 B2C（Business to Customer）的全模式，并到"一带一路"沿线及波兰、土耳其、南非、约旦、巴西、哈萨克斯坦、埃及、阿联酋、印度九国，打造全球系列"十展联动"，推进中国丝绸服装企业拓展国外市场所带来的促进影响。2016 年第 17 届会展上，尤其值得关注"我的技术，你来使用""我的面料，你来设计""我的设计，你来下单"三大主题，以智能化缝前、智能化缝中、自动化缝后等工业 4.0 技术设备，展示丝绸女装企业在智慧制造、智慧营销、时尚趋势、人文建设等多方面的成果，向全世界宣告丝绸文化的延续性和丝绸产品的与时俱进。这一长期举办的盛会促进丝绸华服面料创新，促进丝绸华服及应用设计，促进智慧制造在丝绸与华服产业的应用，促进丝绸和时尚产业国际化的交流和合作，从而促进丝绸传统产业向文化创意产业转型的升级发展。

近年来丝绸与华服行业、民间团体自发组建社团联盟组织，多次围绕弘扬中国丝绸文化，保护与传承中国丝绸非物质文化遗产，推动丝绸传统产业向文化创意产业转型升级等议题进行广泛深入的探讨。如浙江丝绸龙头企业万事利集团在承办的"中国丝绸非物质文化遗产研讨会"上，高举弘扬中国丝绸文化大旗，通过转型升级，大步进军文化创意产业，实现中国丝绸产业跨越式发展。万事利集团在 2013—2015 年期间，投资 8 位数巨额资金打造国内系列民营丝绸文化博物馆——杭州万事利丝绸文化博物馆、杭州织造展览馆、万事利下沙丝绸工业博物馆。其中，万事利丝绸文化博物馆陈列面积 1400 多平方米，收藏文物 2000 余件，含明、清、民国时期历史文物 400 余件，近代和现代丝绸艺术品 200 多件，万事利建厂以来代表中国现代丝绸工业发展的现代文物 1400 多件。对外开放以来，社会反响良好且广受好评，常年接待大中小学生团体和旅游团体的参观体验（图 3-10）。

2016 年 6 月，万事利集团旗下的国际丝绸汇与丝绸文化博物馆被正式列入 G20 峰会"韵味杭州"参观体验点。万事利丝绸文化博物馆作为杭州市非物质文化遗产宣传展示基地并以此馆为依托，打造丝绸文化宣传推广平台，打造丝绸艺术品展示平台，打造丝织技艺交流平台，

图 3-10　万事利丝绸文化博物馆场景

唤起人们对丝绸世界非物质文化遗产的珍视与保护，推动丝绸产业转型升级。2013年收购法国百年丝绸企业Marc ROZIER，首开民族品牌法国制造；并在法国巴黎筹建"丝绸文化产品传播中心"；运用"真丝绸微胶囊香料印花"技术进行丝绸、茶叶和瓷器的融合，以文化创意与高科技以及移动互联技术，打造杭州G20和2022年亚运会的文化产品。万事利集团把中国传统丝绸工艺与西方先进理念融合贯通的一系列经营举措和文化推广，开启丝绸华服从"产品制造—文化创造—品牌塑造"的全球化征程。

三、杭州丝绸华服产业的数智化转型发展

丝绸与华服承载着厚重的中国文化积淀，让丝绸华服在保留传统技艺和经典元素的基础上，与时俱进焕发全新光彩，是业界人士不懈努力的方向。2019年，万事利集团首创全球丝绸人工智能在线定制系统——数字美学空间站"西湖一号"。该系统打造出以自然语言处理（NLP）为基础，技术覆盖自然语言处理、计算机语音、计算机视觉及人工智能的AI时尚设计师。基于神经网络及深度学习技术，AI时尚设计师在和

顾客线上交流的过程中，通过大数据、云计算、机器语义理解等数智化手段，分析消费者需求和引导消费者的审美感受，结合最新时尚流行趋势，赋能顾客创意权和设计权，使顾客挥动手指就可在平台上设计出独一无二的个性化定制丝绸制品方案，同时也可扩展至同系列花型的服装、家纺面料、配饰产品、包装设计等多个创意领域。

"西湖一号"平台系统在视觉设计领域，依托人工智能创造技术，收集全球顶级艺术家、设计师的海量作品，建立美学花型数据库。从色彩特征、构图特征等美学层面进行深度学习和解构，建立美学数字化结构和模型，其图案的设计多样性达到10^{26}，相当于能够为地球上的每一粒沙子设计一个完全不同的表面。AI时尚设计师依据消费者的需要，让顾客定制设计符合时尚潮流趋势的作品，在万事利自主研发的数字喷印核心技术和色彩管理核心技术的支持下，系统性地解决了丝绸印花过程中普遍存在的色彩正反面透色不均匀问题，有效克服了复杂图案无法在面料上精细呈现的技术难关，支持同花同色、同花异色、异花异色丝绸产品的个性化定制和开发，使顾客的个性化定制设计方案均可实现从数字设计到实物商品生产的"无色差"。通过高度柔性的生产能力、高效的全供应链闭环保障，独一无二的专属定制商品将在消费者下单后迅速完成生产制作与送货上门，诞生丝绸数智化设计与工艺生产新方式。

随着服装行业转型升级的不断深入，始于1932年的老字号"葳芸旗袍"品牌作为丝绸华服的领军企业，以中国传统文化为载体，聚合华服上下游产业链，致力于传承中国丝绸华服文化精髓的同时，率先进行高功能设备、低成本传感器、互联网、大数据分析等技术组合。杭州老字号葳芸品牌，于2015年进行工业4.0个性化旗袍定制系统研制，2017年推出"品牌女装大规模个性化定制整体解决方案"，被列为杭州市第二批工厂物联网和工业互联网试点项目。"葳芸旗袍"与浙江省高科技信息化公司联手合作，构建了全国首条全物联网化、个性化定制/小单快反/大货生产系统的旗袍生产线（图3-11），拥有云端C2M平台、终端门店智能量体系统和数据终端系统、后端工业4.0智能工厂（ic-MES系统）。智能工厂采用先进的智能制版排版系统，通过大数据匹配精准确定服装版型，进口高科技自动激光裁床、物联网传输吊挂系统，使定制进程如物流信息般可视化，提高了定制精度和速度。葳芸旗袍从设计、裁剪、缝制，到转运、仓储、物流的全流程数字化和信息化，使得服装工厂既能大规模生产成衣，又能兼顾个性化定制。同时，软硬件的高度协同融合，让所有流程线上运行，并与车间设备互联互通，工厂生产效率直接提高30%，实现"智能设计＋智能制造＋智能物流"，将供给性需求转为需求性供给，引领杭州乃至中国华服产业发生"颠覆性"的改变，使之进入大规模个性定制阶段。

图3-11　葳芸旗袍全物联网化、个性化定制旗袍生产线

华服智能设计：葳芸旗袍通过购物平台，在移动互联网、物联网和大数据等技术驱动下进行移动线上量体裁衣。在基于3D建模＋AI图像的服装定制平台"衣＋1"APP或小程序内，用户只需用手机拍摄正面、侧面两张照片，系统就会识别图像并定位照片中的人，并预测人体的轮廓，包括胸围、肩宽、身长、脸型等，最终构建3D人体模型。顾客利用3D成像系统，方便快捷地从面料到服装一键生成自创定制服装，并直观地感受定制效果，避免"衣不合身"的尴尬体验。顾客再通过云端APP把人体数据及个性化定制需求传输到可塑化、智能化和协

同化的智慧工厂，利用柔性制造平台软件系统进行小单快生产，满足服装（华服）客户个性化需求。依托新供应链，线上线下深度融合，重构人、货、场，满足用户需求，提升行业效率，实现"全场景、全客群、全数据、全渠道、全时段、全体验、全品类、全链路"的智慧零售新模式。

华服智能制造：通过对企业内部进行信息化改造，在硬件保证、软件支撑的前提下，进行数据端口对接，实现自动化裁床、自动化吊装、自动化缝制、完整的数据分析系统和小批量生产的轻定制系统的全部智能化。在智能化4.0时代的工厂，数据通过端口对接进来，所有的加工设备、待加工设备、待加工部件、装料机器人都装有信息物理系统，都具有无线上网功能，除了实现个性化需求与智能制造系统的数据互通外，还可以进行网络化分布生产。全息化生产快速反应系统中每件服装被分解为十几二十个部分并同时加工，每个部分都标有独一无二的条形码，在绿色通道28分钟便可以定制一件旗袍，一举打破了定制旗袍周期长、企业库存量大等问题，实现了高效的客户个性化专属定制。

华服智能物流：包括自动化仓库和智慧物流。自动化仓库分前端和后端两块：前端是原材料和辅料的仓储分类自动化，工业机器人定位抓提裁床需要的布料或辅料，通过传感器直接送达智能裁床，使用完毕后自动送回指定位置，其中还对原材料及辅料的数量进行统计，并通过互联网把信息及时反馈给供应商；后端是成衣的自动化配对归类，包括按客户归类、按地域归类、按季节归类等，需要时由"机器人保管员"直接取货打包，并做好进销存数字统计，实现了无人化以及较低的渠道库存和物流成本。

锦绣蔓绘中国梦，帛丝隽逸风雅颂。杭州丝绸华服产业意在中华服饰文明的延伸，以其贯通古今、融汇中西的独特魅力，展现"各美其美，美人之美，美美与共，天下大同"。丝绸华服以文化符号的形式集中体现中国传统文化与时代象征，通过传承与创新发展，不断运用优秀的传统技艺，抢抓"一带一路"建设契机，围绕浙江杭州从国际丝绸加工制作中心向创意时尚智造中心的转变，提升个性化定制服装的文化内涵与设计品质，不断完善高级定制管理体系，借助移动互联网新业态，建设华服文化创意园，打造丝绸华服产业数智化创新模式，引领着中国华服时尚昂首阔步于世界舞台，向世人昭示着中华服饰文化的风采。

第四章
新基建赋能高校数智化创客人才培养

第一节　时尚产业发展驱动下设计专业群创客人才培养路径探索

当前我国经济正处于高质量发展攻关期，互联网、大数据、人工智能等高新技术引发社会全方位的变革。中国时尚产业作为新兴的国民支柱产业集群，以重振"东方文化之美"，寻找"中国智造之魂"为己任，带动上下游传统产业向"数字化、网络化、智能化"转型，不断完善产业链配套体系，时尚消费市场潜力巨大。面对新时尚、新制造、新媒体、新零售、新链接等产业升级的浪起云涌，各区域之间的产业发展差异化、业态发展复杂化、经济全球化发展带来的不确定性，时尚产业亟待有创意、善设计、会创业、懂经营的国际化复合型创客后备人才来增进研发创新力、产业链联动力。

欣逢其时，2017年12月，《国务院办公厅关于深化产教融合的若干意见》（国办发〔2017〕95号）明确提出"深化产教融合，产业链、人才链、教育链、创新链四链联动"的战略。2019年1月，国家公布《关于实施中国特色高水平高职学校和专业建设计划的意见》，提出到2022年，建设50所高水平高等职业学校和150个高水平专业群。5月，《国务院办公厅关于印发职业技能提升行动方案（2019—2021年）的通知》（国办发〔2019〕24号），就"积极开展创新创业培训、推进产教融合、校企合作，实现学校培养与企业用人的有效衔接"做出安排部署。由此可见，高等职业技术教育肩负着以创新驱动发展的战略，为区域经济高质量发展提供人才资源支撑的使命。

一、高职设计专业群创客人才培养的现状分析

时尚产业是以第二产业为主的涵盖服饰、配饰、纺织品、化妆品、电子产品及相关延伸产品的基础制造业，和以第三产业为主的涵盖娱乐、休闲、健身、文创、影视等相关内容创作的时尚服务业。发展时尚产业是加快传统产业转型升级、培育新经济增长点的重要举措。近年来，3D数字化设计、智能制造、计算机图形学、增强现实（AR）、虚拟现实（VR）等技术在设计研发、生产制造、传播推广、消费经营等时装设计产业链的应用，引发了新一轮的供给侧结构性改革。打造社会型产业化生态系统，亟须高职教育培养出大批国际化复合型时尚创客人才成为产业蝶变的主引擎，承担服务区域经济和国家战略的核心功能与价值。

创客型人才培育在我国高职院校中均有一定层面的开展，并取得相应成绩。如浙江省开展"双高建设"，省高校示范性创业学院评选等，掀起了大学生创客教育高潮，力求更好地为区域时尚产业及社会发展服务。众多高职院校设计类专业群在创客教育的课程体系、教学模式、教学水平、空间打造、资源配置、经费投入等方面进行理论与实践探索，但目前仍存在下述现状：

（一）专业群顶层设计不科学，内外资源共享不足

国内高职院校设计类专业群构建通常有学科型、职业岗位型、产业链型三种专业群模式。无论按照哪一种模式组建，现实中均遇到人才培养方案、分层分类培养、课程体系建设、1+X证书融合、师资管理与培训、教学资源统筹利用等设置与时尚产业高质量发展的实际需求不一致，缺乏专业群建设的整体性与系统性设计，忽视内涵建设，难以最大限度上发挥专业集群效应。

在校内，各专业的课程、师资、实训设备、实习平台的建设发展不

均衡，群内的人力、物力、财力和信息耦合度弱，异质性问题突出，缺乏资源整合共享的主动性。在校外，专业群与产业联盟、行业协会等社会团体各行其是，多元主体间权责划分不清。双方长效合作机制不全，导致资源割裂，难以实现横向与纵向的内外多元多维资源共享，无法弥补各专业资源之间的短板，供给侧与需求侧缺失有效协同。

（二）产教融合滞后于产业转型升级，创客教育缺乏动力

纵观高职设计类专业群现有"产教融合、校企协同"的培育模式，通常是以学校主导设定人才培育模式，引入企业技术人员莅临校内开展阶段性的实训教学和讲座，向学生展示国际前沿时尚文化与技术，探索智能制造发展战略和时尚产业创新方向；在高年级阶段，则让学生利用假期去校外实训基地顶岗实习学习创新技术的途径。上述实践环节均是企业相对辅助参与，对创客思维拓展培养和训练不多，创业训练更是流于浅表。

随着社会经济进入新常态阶段，产教融合也进入突破瓶颈的深化阶段，对创客人才教育提出整合资源、两化教学（信息化、智能化）等实践平台升级要求。高职设计专业群的育人模式不能及时根据产业与企业的需求进行灵活调整，企业在指导创客人才的实践过程中话语权低，导致企业投入的热情不够，缺乏持续有效的合作动力，出现与产业链多岗位对接的实践教学体系滞后，使产学深度融合在创客人才培育模式发展过程中需要不断完善。

（三）师资队伍缺少实战经验、创客项目技术含量低

组建高水平、结构化教学创新团队，教师队伍必须具有多样化的能力。"一专多能"的复合型教师需适应产业数智化升级，掌握并不断提升职业技能等级标准和专业教学标准的"技术知识、教学知识、内容知识"，完成人才培育、技术研发、社会服务等任务。现实中，部分学校的创客教学团队成员由学生发展处教师、各系辅导员、各专业的专任教

师等组成，这部分人往往存在创客经验或创业实战经验不足的短板；缺乏具有丰富创客经验的产业专家、风险投资家、企业高层人员、优秀校友进入到校园课堂，指导学生的实践工作。高职设计类专业群培育的人才，需具备鲜明的创新意识、新锐的创意设计能力，形成创客思维习惯，为今后职业生涯的可持续发展和跨领域迁移提供必要保障。目前专业群学生的创客活动以代购、淘宝店、微商、直播卖货等单一层次居多，皆不具备核心技术和核心竞争力，半途夭折的情况不断出现，严重挫伤学生的双创积极性。

二、高职设计专业群创客人才培养路径

杭州万向职业技术学院地处浙江省省会，全国著名的女装时尚之都、智慧之都、创新活力之都——杭州。随着2019年全国双创周和2020年全国首个大学生"双创日"的主办与设立，杭州成为大学生"双创"人才聚能之城。学院设计创意专业群强调服务长三角的时尚产业发展，体现国际视野、国际标准、国际规则的培养要求，搭建对口专业群、创新实践、专业能力锻炼、1+X证书提升的多元化时尚产业学院；形成学生＋骨干教师＋行业专家＋企业工匠的教学科研梯队，完善校企数据联通、资源共享、育训结合的长效工作机制，促进教育链与产业链的有机衔接，顺应经济"新风口"调整和时尚产业高质量发展对创客人才的迫切需求。

（一）政产校实施顶层设计，创建具有艺智工商交叉学科素养的国际化复合型创客人才培育模式

为了加强时尚产业创客人才队伍建设，深入调研考察浙江省时尚产业、数字经济、非遗传承等产教融合联盟中头部企业对人才的需求，并展开国内高职院校创客教育的调研，学院设计专业群依托国家骨干专业、浙江省高校优势专业建设，以培养艺智工商交叉学科素养的国际化

复合型创客为目标，秉持"传中国文化美学、承古法技艺匠心、守红色根脉信仰、创国际数智时尚"的教育理念，集聚区域内时尚大师、智造专家、国家工匠、知名创客等优势资源，加强产教深度融合，政产校共同设立"时尚设计创客产业学院"，创建专创融通、智创赋能、赛创强技、众创筑梦、益创润心"五创联动"育人体系（图 4-1）。通过课堂教学、实践训练、学科竞赛、校企项目、文化传承的实施载体，做好思政、文化、课程、竞赛、创业的衔接与融合，加强学生多元化综合素质培养，提升服务时尚产业链升级的能力。

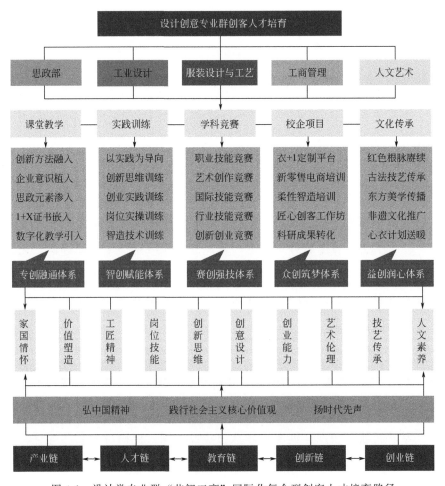

图 4-1　设计类专业群"艺智工商"国际化复合型创客人才培育路径

（二）构建专创融通体系，深耕"1+X"五新课堂

专业群对接时尚产业链，围绕"设计—智造—营销"产业链岗位群分工，厘清双创教学、专业教学、X证书标准的重合内容，构建"通识贯通共享、专业分显特色、证书拓展互选"的能力复合，职业迁移的专业群课程体系，为各阶段、各类型学生提供多元化的优质课程，满足学生深造、就业或创业的个性化选课需求，充分展示创客教育融入专业课程教育中的深度、广度及锐度，畅通高职复合型创客人才的成长路径，助推时尚产业价值链的提升（详见图4-2）。

1."通识贯通共享"课程群

"通识贯通共享"课程群是针对特定专业群学生所必需的共同基础知识和基本技能要求，以及群内各专业技术的共性发展要求而设置。"通识贯通共享"课程群由公共通识类课程和群共享课程两大类组成，达到与群内各专业课程良性互补、融会贯通的效应。公共通识教育分为思想政治、科学文化、创新创业、和合素养四个模块。当下，要厘清个人与职业、学习与职业、学校与社会的关系，培育和践行社会主义核心价值观，促使学生从优秀传统文化中汲取内生力，不断开阔视野，培养人文情怀、科学素养、跨学科思维能力以及持续自主学习的能力。群共享课程是指专业群中各专业都开设的基础课或选修课，目的是培养各专业均必需的"中西方文化美学""创客思维训练""产品设计表达""创意设计数字化表现""创意与设计策划""大数据技术应用""企业项目管理"等知识、技能和素质，夯实学生的专业通用与可持续发展能力。在实际教学中，根据各专业的人才培养目标的侧重，做到群共享课程学习内容和学习模式的调整。

2."专业分显特色"课程群

"专业分显特色"课程群是根据专业群基于"产品三维数字化设计

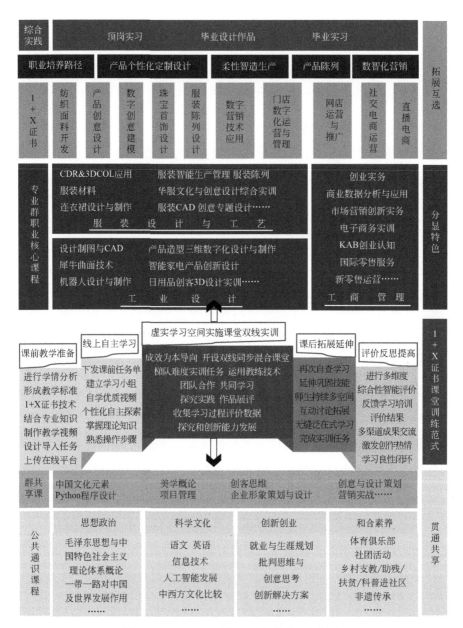

图 4-2 "1+X"证书训练范式的五新课堂

与应用""创客3D产品设计""产品智能生产""商业数据分析与应用""新零售运营"等时尚产业职业岗位群而设置,践行高职教育价值塑造、知识传授、能力培养的育人理念,服装设计与工艺、工业设计、工商企业管理等三个专业的职业核心技能与职业岗位素养培育并重，专业教学标准与1+X证书等职业技能等级标准对接，职业教育与职业培训融通的凸显专业特色的模块化核心课程群。

3. "证书拓展互选"课程群

"证书拓展互选"课程群是在掌握专业理论和核心技能的基础上，融通时尚产业中5G新基建、工业互联网、数智化转型、直播带货+直播供应链、私域流量运营等新技术、新消费、新要求，嵌入"X"证书的中、高级技能标准，可供三个专业学生进行自主互选、个性拓展的考证课程平台。通过"纺织面料开发""数字创意建模""服装陈列设计""门店数字化运营与管理""网店运营与推广"等10门职业技能等级考证要求的拓展课程，培养学生"一专多能"的复合创新能力与多岗位适应能力，拓宽学生就业创业与终身泛在学习的通道。

4. 深耕五段"1+X"证书训练范式，打造五新智慧课堂

以课堂教学为载体，以弘中国精神、扬时代新声为着眼点，设计渗入文化基因和德育元素，嵌入X证书分层标准的学习新内容；创设职场化、人文化、智慧化的非线性虚实学习新场景；引入虚拟现实、增强现实、扩展现实等新媒体技术，增强可视、可听、可触、可感的学习立体体验；深化以学生为中心，采用教练技术引导学生进行探究式、小组式、项目式的高阶新学法；实现德技并重+X职业能力考核的全方位新评价；赋能整合、多元、共融、开放的沉浸式五新智慧课堂，有效推进"1"和"X"的有机衔接，有效促进网络化、个性化、智能化、协作化、中心化的"互联网+"职教课堂生态圈的形成。

（三）构建智创赋能体系，校企共建产学基地

以实践训练为载体，围绕浙江省时尚产业发展实际，加快建设杭州市智慧、文创特色城市，专业群以创新、开放、绿色、包容、联动的五

大发展理念为引领，携手省级产教融合联盟共建共享"数智时尚创新基地"。基地以"衣＋1华服云定制平台""智能吊挂与传输系统""IT硬件服务系统"和"服装柔智云系统（IC-MES）"四大系统的全物联网化时尚智造实训中心为核心，按照目前时尚产业智能工厂工作过程中内部人员、设备、物料、工艺高度协同方式，实现批量订单、个性化订单等柔性生产模式开展个性化产品智造实训（图4-3）。此外，同时在中西方时装博物馆、时尚设计仿真研发中心、三维数字化设计与制作研发中心、ERP创业实训中心、电子商务实训中心开展创新创业实践、岗位技能培训服务。

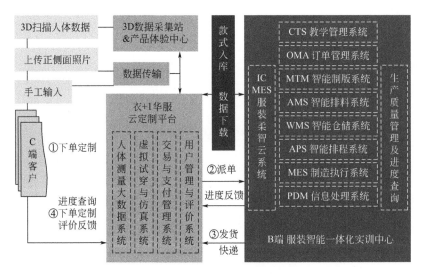

图 4-3　围绕服装柔智云系统开展智造技术训练实施导图

（四）构建赛创强技体系，追求达人卓越成效

以学科竞赛为载体，围绕学院的"3＋N"达人培养计划，专业群开发多元交互的竞赛集训学习场。第一个途径是校内完成的创新项目成果，以线上线下的销售竞赛的形式进行创业实践；第二个途径是参加国际、国家、省市、行业协会等主办的职业技能、互联网＋双创、艺术设计等系列竞赛，以赛促创、以赛促智、以赛促教、以赛促学，全面激发学生的创客思维与素养，展示实践教学和成果，为学生提供成为技能达

人、创造达人、艺术达人、劳动达人、英语达人、体育达人等成长、成才、成功的有效途径。

（五）构建众创筑梦体系，助推产教深度融合

以校企合作项目为载体，开展产业深度融合的创客教育。邀请国际和国内产业知名企业家、优秀创客和校友导师进校园，通过空中论坛、讲座、课堂、工作坊等多样形式，如杭州万向职业技术学院主办的"传承创新，智驱时尚——国际服装学术研讨会""共话时尚美学，可持续性未来——国际面料设计工作坊""匠心·创客工作坊"等，激发学生的创新思维、设计思维、批判思维、互联网思维等，给予学生以创新力带动传播力和商业价值的思想激发与实践指导；对具有市场潜力的项目进行种子孵化，实现产品或服务项目的成果转化。专业群实施资讯服务、投资融资、直播培训、"互联网+"定制设计与营销等众创产学项目，并由学校提供培训场地、资金、指导教师等进行管理和支持，深层次与企业在人才培养、学科建设、科学研究、技能培训、投资融资、项目咨询等方面开展全方位合作，带动时尚产业的中小微企业携手解决企业技术难题，从而实现高职教育服务区域产业，促进国家经济发展的最核心功能与价值（图4-4）。

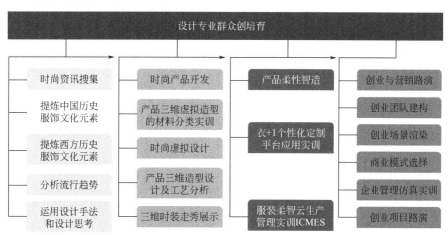

图 4-4 专业群实施"众创筑梦"培育途径

（六）构建益创润心体系，诠释红色浪漫

以文化传承为载体，厚植家国情怀，赓续红色根脉，以社会主义核心价值观为引领，加强文艺培根铸魂行动。专业群依托浙江省"最美志愿者服务组织"、国家级非遗工作室、浙江省非遗教学基地，"五四宪法"陈列馆、浙江博物馆等单位，开展学四史、颂经典、观影展、送心衣、非遗沙龙、华服美学、焕然衣新等益创活动，加强经典学习，坚守古法技艺，活化非遗传承，树立文化自信心、社会责任心、大众公益心，建立具有中国价值的美学观和设计观，激发学生的正向创意潜力，探索中国文化的守正创新表达，形成爱国教育与时尚文化双向并行的育人行动。

（七）校企协同实施创客培育建设运行机制

以"产业、企业、高校"与"教学、科研、创新、练习、服务"的全过程深耕式发展为理念，以国际化复合型创客人才培养助力长三角时尚产业发展为目标，联合浙江省省级个性化定制示范试点企业、中国知名华服领军品牌、知名潮牌、中小微企业，以"创新互驱、科技互持、技术互助、人员互培"为原则，设立由政府指导、行业主体参与、学院主导落实，集产、学、研、创、用一体的"时尚设计创客产业学院"。建立如下四个机制：

第一，建立日常共同管理机制，实行周、月、季、年的定期沟通，对合作项目进行计划、落实、反馈。

第二，建立协同创新与激励补偿机制，通过对就业率、招生率、社会服务培训收益、技术服务收益等实施绩效考核、表彰奖励，建立多种激励奖赏机制，提升校企协同培育的"共赢共利"能力。

第三，建立骨干教师与行业导师互聘机制，依托多个"市级技能名师工作室""时尚文化研究院""时尚产品研发中心""柔智云培训中心"等建立校企人员双向流动的灵活互聘机制，构建一支高水平华服时尚产

教双导师队伍。

第四，建设系统完善、体系完整的人才质量评估与协同联动良好的机制，通过相关的人才培养质量信息反馈系统，修订完善教学质量监控制度，做好人才培养质量评估。从而，保证"机构、场地、人员、经费"四到位，推动高职设计专业群创客人才培养模式的有效运行和可持续发展。

第二节　高职设计专业群创客人才培养路径的实效

杭州万向职业技术学院设计专业群创客人才培养模式路径实施以来，将创客教育融入学生培养的全方位全过程，在专业群建设水平提高、人才培养质量提升、示范辐射能力扩大等方面成效显著。

一、培养质量飞速提升，发挥专业群溢出效应

专业群在国际化复合型创客人才培养过程中，加强产学研用协同的"产业链、人才链、教育链、创新链、创业链"五链融合，学生"艺术思维＋工匠精神"的创新能力得到强化，综合素质得到明显提升。近年来，师生累计获学科竞赛奖130余项。

教师获德国红点设计奖、Reddot概念奖、IF产品设计奖；美国I-DEA设计奖；全国大学语文"徐中玉"优秀说课二等奖，首届长三角民办高校教师教学技能大赛二等奖，中国服装创意设计与工艺教师技能大赛银奖，浙江省高校青年教师教学竞赛二等奖2项，省高校微课教学竞赛一等奖1项、二等奖2项、三等奖1项；访问工程师校企合作项目省级一等奖、三等奖；各类省级教师技能竞赛奖多项。

学生报考第一志愿率100%，获双证率高达98%，创业增至400余

人。学生获全国职业院校技能大赛服装设计与工艺赛二等奖、三等奖；浙江省高职院校职业技能大赛服装设计与工艺赛项二等奖4项；浙江省第三届、第四届大学生服装服饰创意设计大赛二等奖1项、三等奖2项；中国服装创意设计与工艺学生技能大赛铜奖；2020年浙江省大学生艺术作品展演一等奖1项、二等奖3项、三等奖3项；浙江省高校达人秀一等奖；省大学生中华经典诵读竞赛一等奖、二等奖多项；省大学生工业设计竞赛一等奖、二等奖、三等奖30多项；创意中国设计大奖一等奖、二等奖4项，三等奖6项；年度设计教育成果奖等。

二、双语项目课程精准对接，国际化教育稳健推进

专业群为了加快国际化教育的进程，通过"走出去、请进来"的模式，选派教师赴我国港台、澳大利亚、美国、德国等地考察，汲取国际化教学理念和创新思维。先后与美国普渡大学、新西兰商学院、新西兰怀卡托大学、美国加州州立大学圣马克斯分校、美国圣文森大学香港理工大学、台湾真理大学等高校开展百名交流生项目；同时，与各国高等学府共商标准、共同研发、共建资源、共享师资，推出8门国际化双语课程，实现本土化与国际化交融的有效链接。

国内外顶尖时尚专家、智造专家、高校学者和产业联盟代表云集专业群主导的"传承创新，智驱时尚——国际服装学术研讨会""共话时尚美学，可持续性未来——国际面料设计工作坊""高端装备产品、智能产品国际设计营"等一系列国际化活动，开展国际化领导力、创新力、责任感等创客核心素养培训，旨在精准搭建中国时尚产业与世界互联互通的国际化平台，汇聚全球时尚领袖、展现战略创新视野，推动"高层次对话、高水平交流、全方位合作"，助力长三角地区乃至全国时尚产业的未来发展，为人才培养提供前瞻性的思想和多元化的路径。

三、教研科研双向促进发展，社会服务树立好口碑

教师在保持稳定的教学水平的同时，坚持科学研究作为创新驱动力，潜心深入教研与科研课题的研究，注重教学与科研项目齐头并重，推动最新的科学研究成果反哺教学，创造经济效益和社会价值，在全省树立优质的服务口碑，以扩大学院影响力。

专业群先后立项教育部人文社会科研青年基金项目、浙江省十三五高校第一批教学改革项目、浙江省科技厅软科学项目、浙江省哲学社会科学项目等12项，杭州市局级科研项目20项；培养浙江省高职专业带头人3名、杭州市教学名师2名、杭州市优秀教师5名；开设浙江省高校在线精品课程7门，主编教材20部、专著6部，发表三大检索论文120篇，拥有国家专利400余项；承担为省赛执裁、爱心课堂、企业培训、技能鉴定等社会服务50000余次，为企业创造大量销售业绩。

四、形成教育部标志性成果，媒体效应集聚快速增值

专业群拥有国家骨干专业、国家高校创意非遗工作室、浙江省高校优势专业、省非遗传承教学基地，属于浙江省时尚产业、省数字经济等产教融合联盟理事单位。与198所高校共同学习交流，获国家美育优秀案例二等奖，省级优秀案例一等奖4项。专业群学子采用互联网＋智造，颠覆传统产业供应链流程，通过预售模式聚合订单，打通生产数据和销售数据，以个性化定制产销的新锐创客模式先后被中国教育报、人民网、浙江日报、新浪腾讯、瑞丽时尚等主流媒体报道20次，产生强烈的社会反响和广泛关注，对带动区域内高职院校相近专业群建设和发展有良好的推广借鉴价值。

以服装为主的时尚产业以文化传承为使命、以数智化为驱动、以创新设计为引领，进行研发、生产、推广、消费等模式的变革，对人才提出创意、设计、创业、经营等多元化技能与素养的新要求与新标准。高

职设计专业群围绕"顶层设计、体系构建、载体创建、机制建设"等方面，探索国际化复合型创客人才培养的新路径，有效促进区域产业链、人才链、教育链、创新链、创业链的耦合，实现高职创客人才培养的高质量发展，为职业院校专业群实施创客教育改革提供整体解决方案，形成高职教育和区域产业统筹融合、良性互动的发展格局，促进长三角时尚产业的转型升级并提供创客人才支撑，为全国高职教育发展贡献"杭州智慧"。

第五章

新基建赋能高职沉浸式元实训基地建设

第一节　高职服设专业建设沉浸式元实训基地的背景与基础

元宇宙是利用科技手段进行链接与创造、与现实世界映射与交互的虚拟世界。近年来，元宇宙以信息基础设施为载体，以 3D 技术、虚拟现实、数字孪生、人工智能、芯片、Web3.0 等为核心技术支撑，以数据为基础性战略资源，应用于工业智造、社交、娱乐、游戏引擎、文化等多个领域，引爆全球新一轮数字技术与产业的变革，也是中国战略性新兴产业方向。2021 年被称为"元宇宙元年"，国内外多家科技企业积极布局，扩大自身元宇宙版图。2022 年伊始，武汉、杭州、无锡、成都、上海、北京、厦门等各地政府抢抓国家"十四五"数字经济的重大发展机遇，加强元宇宙核心技术的前瞻研发，以构建各大产业中的中国特色元宇宙生态圈。由此可见，数字经济时代的科技战略高地就在元宇宙。

一、高职院校建设沉浸式元实训基地的必然性

在各国局势风云突变，逆全球化态势逐渐抬头的国际新背景下，高职教育作为数智技能型人才培养的主要阵地，是实现技能人才强国的关键。中华人民共和国教育部（以下简称教育部）《2022 年职业教育重点工作》进行了"推动职业教育数字化升级"的战略部署，在前期数字化教育元宇宙的网络及运算、物联网、区块链、交互、电游、人工智能、虚拟现实等底层核心技术运用较广的基础上，切实推进虚拟现实技术与职业教育教学的深度融合，赋能职业教育高质量发展。教育部《职业教育示范性虚拟仿真实训基地建设指南》中明确提出构建具有感知性、沉

浸性、交互性、构想性、智能性的虚拟仿真实训教学场所，解决传统职业教育实训存在的高投入、高难度、高风险、难实施、难观摩、难再现的"三高三难"问题。

目前，各高职院校积极投入虚拟仿真实训基地建设，但如何推进元技术支持高职教学创新，推出适合多模态的学习资源、教学应用，搭建校企合作沉浸式元实训基地，构建以学习者为中心的全新高职教育元生态成为高职教育的新课题。

二、高职院校现有虚拟仿真实训基地建设面临的问题与挑战

第一，元宇宙技术应用虚拟仿真实训平台建设不深入。多数高职院校虚拟仿真实训基地依托虚拟现实、人机交互、数据库和网络通信等元宇宙底层技术，构建虚拟实训场景和实训空间，学生在虚实结合的环境中开展各类实训，从而达到实训大纲所要求的实训目的。但目前仍然存在许多技术难点有待突破，如5G/6G网络普及度、人工智能等级度、虚拟现实沉浸度、增强现实真实度、人机交互自然度都存在较大的上升空间。软件的功能设计和实际应用门槛矛盾突出，优质虚拟仿真教学资源依然不足，难以满足实验教学的需要，虚拟现实技术在实训教学中的应用不够深入，没有与其他教学手段实现深度融合，难以满足新时代高职数智技能型人才培养需求。

第二，实训基地运行管理机制不健全。高职院校虚拟仿真实训基地集实训、科研、培训等多功能于一体，但与提升专业技能虚拟车间、仿真实训室与实操平台等教学资源库的使用情况存在着较大的差异性，基地开放式智能化管理模式与传统实训管理模式截然不同，虚拟仿真实验教学资源和管理平台建设缺乏统一标准和规范。完善运行机制将是基于元宇宙技术的实训基地建设面临的新挑战。

第三，校企资源开发共享程度不彻底。优秀的虚拟仿真资源开发难度高、投入大、周期长，各资源开发商对各自研发的虚拟仿真资源采取壁垒加密措施。让拥有较多资源的职业院校对其他院校进行资源共享难

度大。因此，建设一批优质的虚拟仿真资源之后，通过对实训场所、设备、系统、资源、课程体系和管理制度进行整体设计，建立有效的共享机制，扩大资源覆盖范围和优质虚拟仿真资源开放共享的可持续效应也至关重要。

三、服设专业沉浸式元实训基地建设的基础

杭州万向职业技术学院服设专业作为设计创意系所属浙江省职业院校实习实训基地的核心引领，携手浙江省产教融合型企业万事利集团、葳芸旗袍、迈的智能科技、腾胜工业设计、华立181创客社区等典范企业，深化产教融合，依照"虚实结合，以虚助实"原则，构建"专创、智创、赛创、众创、益创"五创联动的实训体系，累计完成投入达500多万元的虚拟仿真实训软硬件建设任务。先后引入"VR虚拟现实技术""服装三维虚拟试衣软件系统""时尚设计虚拟仿真软件""衣＋1华服云定制平台""服装柔智云系统"等数智化实训技术；建设符合时尚产业链数智化升级所需的虚拟仿真实训场景和育人文化环境，实现基地的理论传授、实践操作、技能竞赛、科研研发、社会培训等复合功能。

四、服设专业沉浸式元实训基地建设的思路与指导思想

如今，以增强现实引擎、虚拟人像、3D空间与虚拟场景、新型人机交互、5G/6G云网、边缘计算、服装3D工具、游戏场景等为代表的元宇宙科技引爆社会新经济增长点，也为浙江时尚产业发展培育新动能，提供新机遇。高等职业技术教育以创新驱动发展为战略，学院服设专业通过高沉浸元实训基地的建设，以学生发展为中心，以实训成效为导向，立足产教融合、校企融合、研学融合，积极探索高职教育元宇宙新模式，推进元技术支持高职实训教学创新，推出适合多模态学习环境的学习资源、教学应用，构筑以学习者为中心的全新高职教育元生态，

为区域经济社会发展提供数智创客人才的资源支撑。基地按照如下具体建设思路，推进职业教育现代化。

第一，坚持校企合作，携手知名信息化科技企业共建共享虚拟仿真元实训平台，通过元宇宙技术实现多种形式"元"实训资源的社会开放共享。

第二，坚持元智慧教育生态理论为指导，依托扩展现实技术、互联网＋、人机交互、数据库和5G/6G等技术，创设"1＋X"沉浸式"元"实训场景，打造虚实混合"元"实训空间。

第三，坚持科学管理，建立校企双元管理运行机制，组织专兼结合的研创师资团队，制定智能化实训考核标准，进行大数据的绩效考核评价。

第二节　高职服设专业建设沉浸式元实训基地的途径与策略

杭州万向职业技术学院服设专业的沉浸式元实训基地集聚浙江时尚产业优势资源，围绕"创新、协调、绿色、开放、共享"的五大发展理念，综合应用元宇宙的网络化、数字化、智能化技术手段，以提高实训教学项目的吸引力和教学有效度；运用以实带虚、以虚助实、虚实结合的实训方式，打造院校主导、企业协同、跨方向、跨专业、跨学科交叉共享型的智慧型实训场所，形成产学研用协同联动的"数字化、智能化、时尚化、国际化"时尚设计高沉浸式元实训基地。

一、校企共建六位一体的沉浸式元虚拟仿真实训平台

对原基地进行升级改造，在校企优势互补下开环建设元实训项目资

源库，通过引入和自行开发结合，将元信息技术和等比仿真、智能控制、虚实联动的实训设施深度融合，增设沉浸式虚拟仿真实训新资源拓展元实训学习新空间，搭建出更多、更贴合职业教育应用的XR虚拟实训场景，从而推进沉浸式元实训的广泛应用，学生们足不出户，在高沉浸式体验中高效掌握职业技能。

通过人脸识别、设备智能化改造、远程网联与控制、远程监控、实训教学指导、大数据统计分析等手段，实现管理平台与实训设备的数据共享以及线上管理，推动服设专业沉浸式元实训教学平台集聚实训资源开发、实训教学、新品研发、技能竞赛、评价、管理于一体的成效提升，确保实训教学和时尚产业链岗位需求的无缝衔接，增强多层次社会服务功能，打造服设专业实施产教融合育人协同的新范式。

二、校企共创五位一体化元虚拟仿真实训教学体系

校企携手进行实训教学改革，在实训中融入产学对接项目，以"时尚资讯提炼—时尚产品设计—产品柔性智造—产品传播与陈列—新媒体销售"的工作过程为导向，以时尚产业链岗位群的工作任务为引领，进行"1+X"职业考证、技能大赛、创新创业融通的虚实多维产品设计、智造与营销等沉浸式师生互动训练，实现在线练习、互动、多维立体的测评，创建能力复合多元的"学训研赛评"一体化元虚拟仿真实训教学体系。

按照"虚实结合、以虚补实"的原则，持续提升教师互联网＋教学的技术，探索教育信息化领域的教学新途径，开展以翻转课堂、微课、慕课、小规模限制性在线课程为主的设计创意课程的数智化实训教学。通过师生参与、自由交互、数字连接，打造超现实的虚实融合的实训环境，激发学生的好奇心、想象力和创造力；推行以学生为中心的启发式、合作式、参与式和研讨式实训方式，在实践、实训、实习环节中强化仿真化、互动化、游戏化的实训变革，使学生在自身参与的高度沉浸式体验中开展深层次认知活动，主动提升知识水平与能力素养，有效促

进个性化、智能化、动态化的沉浸式"元实训"生态圈的形成。

三、校企共研 AR 超媒体新型教材，实现智慧教学

第一，积极响应职业教育改革的要求，编写适合服设专业开设虚拟仿真实训项目的配套 AR 超媒体新形态教材，满足职业教育的线上线下要求。借助 AR 超媒体教材，展现"元宇宙＋"职业教材选题策划的思路与实现路径。

第二，将二维码技术链接到书中，丰富学习资源，可以从手机上观看教材上无法体现的彩色图片、视频、音频。

第三，通过 AR 增强现实技术，将书中难懂的平面图形变成三维立体模型，并可以多角度放大、缩小，互动查看。

第四，将 AR 增强现实技术与教材相结合，可以给教材带来更多的 3D 立体体验，增强教材的可读性，不仅使学习变得更容易，也让学习变得更有趣，在教师和学生更加喜爱的同时，实现学院在服设专业上"元宇宙＋"教材出版的突破。

四、校企共治基地集约化管理服务平台

第一，成立基地建设领导小组和咨询专家组，成立运行工作组，完善工作体系，明确责权利，建立相应的督促和检查制度，用制度来保障实训基地的快速发展。基地根据自身工作要求制定若干管理规定，对内部人员进行智能化分工，形成有效的实训运行机制。

第二，根据元实训基地的万物互联、去中心化、虚实融合等特点，基地管理加速向多样化、个性化和小型化方向发展。校企联合制定专项训练、综合实训、生产性实训、创新训练、技术服务与科技研发六个层面的工作与管理制度。通过远程网联与控制，以统一数字身份进行一键预约、真实数据采集与智能分析，监测实训软硬件设备使用记录、故障报修与维护，提高实训场所的利用率，形成校企闭环智慧管理的新

样板。

第三，基地定期开展各类检查，督促和保证实训基地管理和实训教学的规范化，形成及时的反馈与跟踪机制。

校企合作进行高职院校沉浸式元实训基地建设是运用宇宙新兴技术与职业教育相结合具有前瞻性的研究，也是中国数智融合发展的必然结果和时代需求。杭州万向职业技术学院服设专业积极探索高职教育元宇宙新模式，将带动区域内乃至全国的高职院校虚拟仿真实训基地的建设和发展，为政产学研等各方推进高职教育现代化工程提供理论和决策参考。

第六章

高职服设专业升格职教本科的可行性探索

第一节　高职服设专业升格职教本科的需求分析

随着中国高等职业教育进入高质量发展期，为了加快实现职业教育现代化，服务国家战略和回应民众关切，2019年2月，教育部与财政部启动实施"双高计划"，支持一批优质高职学校和专业群率先发展，打造技术技能人才培养高地和创新服务平台，支撑国家重点产业、区域支柱产业发展。

杭州万向职业技术学院服装设计与工艺专业主动顺应新一轮科技革命和服装产业变革，主动服务产业基础高级化、产业链现代化，服务现代化经济体系建设和实现更高质量更充分就业需要，遵循职业教育规律和人才成长规律，践行浙江省高等教育强省战略，探索实施本科职业教育人才培养的有效路径，进行新一轮改造与升级本科的专业调研，助力学院成为产学研深度融合，国际型、现代型、创业型人才培养和创新成果转化的重要基地。

一、国内服装时尚产业需求分析

服装时尚产业是我国重要的民生部门，承载着大量国民就业和促进国民经济发展的重任。目前我国服装产业集群主要集中在东部沿海经济发达地区，以长三角、珠三角、环渤海区域为核心，面向国际，辐射中西部，是全国工业经济发展的重要支柱。近年来，面对着消费者喜好个性化增长、生活环境的不确定因素增强，冲动性和激发性消费日渐取代计划性消费等趋势，服装产业进入了新产品、新链接、新制造、新场景、新零售等多业态融合期。2020年，以5G、人工智能、工业互联网为代表的国家数字化新基建加速释放溢出效应，服装时尚产业随同中国经济一起,经历了从不利开局到超预期收官的局面。根据国家统计局数据,2020年1月—12月,服装行业规模以上(年主营业务收入2000万元及以上)企业13300家,累计实现营业收入13697.26亿元。

2020年,在国际快时尚品牌掀起退出潮的同时,以SHEIN、Urban Revivo、Urbanic、全速在线、TAKA Original为代表的本土快时尚品牌崛起,并打造跨境电商平台加速海外圈地,充分体现中国制造业产能以及中国原创服饰品牌的全球化输出成为长期而稳定的趋势,并有望在未来获得更大的发展(图6-1❶)。

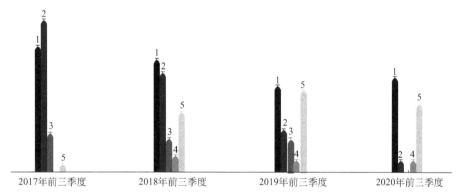

图6-1　2017—2020年快时尚品牌在国内开店情况
1—UR；2—H&M；3—ZARA；4—C&A；5—GAP

国潮时尚也是大势所趋,李宁等品牌充分挖掘中国传统文化元素,将中国文化中的复古潮流元素与产品研发设计结合,推出中高端的产品线,精准契合消费者需求;与此同时,"舒适度、科技性、功能性、时尚感"为主攻方向的新锐服饰品牌强势抢占服装细分赛道(图6-2)。

当Z世代逐渐成为消费新力量,其推崇的汉服等亚文化及衍生品,开拓出了百亿级市场(图6-3)。

服装定制化通过数据的销售预测和"以需定销"的柔性制造帮助中小型企业进行供应链转型,一改传统服饰高库存痛点,成为产业新风

---

❶ 本节图片与数据来源:中商产业研究院、第一财经商业数据中心、前瞻经济学研究院、浙江省统计年鉴、中国服装行业发展报告。

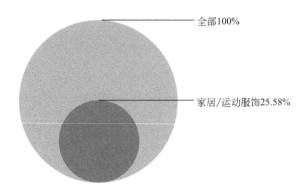

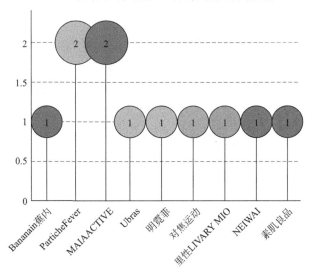

图 6-2　强调舒适度的新锐品牌融资比及数量

口,预计 2024 年我国服装定制市场规模将突破 3000 亿元。2020 年获得融资的部分定制服装品牌见图 6-4。

此外,电商直播、MCN、私域流量等概念的兴起,通过淘宝、微信号+VIP 社群营销、门店、短视频、小程序直播的共同发力,形成线下会员引流线上的一体化闭环智慧新零售,已成服装产业销售的有力支撑,推动产业从产品、渠道、供应链等多维度进行数字化、智能化和柔性化转型。

单位：亿元

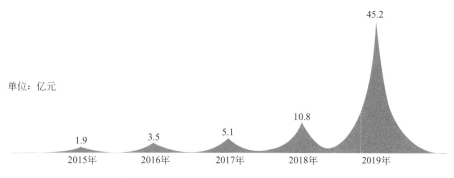

图 6-3　2015—2019 年中国汉服市场销售量化表

项目	融资日期	轮次	金额	投资方	简介
易衫网	2020/8/13	天使轮	金额未披露	梅花创投、安芙兰创投	开放式个性化团体服饰定制平台
ANNELEVEN	2020/7/14	天使轮	金额未披露	北京景成瑞智投资管理合伙企业(普通合伙)	艺术跨界服装定制品牌
ICY	2020/4/21	B轮	数千万元	复星锐正等	独立设计师服装电商平台
衣呼	2020/3/17	Pre-A轮	金额未披露	伊藤忠商事株式会社	服装定制服务平台
D2C	2020/9/24	B轮	1000万美元	Andreessen Horowitz、IDG资本领投，德讯投资、峰瑞资本、初心资本跟投	设计师定制电商平台

图 6-4　2020 年获得融资的部分定制服装品牌

可见，我国纺织服装产业文化传承、创新驱动、技术密集、中国创造的新趋势，需要大批具有创新思维、创业能力的高质量技能复合型人才支撑。

二、浙江省服装时尚产业人才需求分析

服装时尚产业是浙江省重要的民生产业和外贸传统优势产业，其产能占到全国的 50% 以上。浙江省 2019 年统计年鉴的数据显示，浙江省 2018 年纺织服装、服饰业规模以上工业企业总产值为 2064.6 亿元。浙江服装产业凭借良好的产业基础和地缘优势，与广东、福建、江苏、山东等东部沿海省份集聚了国内绝大部分产值。近年来，随着我国消费结

构中年轻化、个性化、细分化群体的崛起，纺织服装市场出现多变、多元、多维的时尚变革。互联网、云技术、物联网、智能机器人等人工智能技术在服装生产营销各个关键环节的应用，使缝制设备自动化、智能化水平明显提升；大数据＋AI算法的应用，可预测消费需求，辅助创意、设计和产品开发；智能化橱窗和自动售货机加深与消费者的互动，让消费者获得更加立体的购物体验；服务机器人开启智能购物新体验，移动社交、虚拟试衣系统优化线上线下融合渠道。上述产业价值链向中高端跃迁，对服装人才需求产生新的变化。截至 2018 年，浙江省服装企业有十几万家，规模以上企业有 31524 家，从业人数达 27.68 万人。2020 年，中国成为全球唯一实现正增长的主要经济体，纺织服装市场规模庞大，并且保持着增长态势，2021 年全国服装零售市场销售规模 2.4 万亿（图 6-5），国内（浙江）服装中高端专业人才培养储备依旧不够。

图 6-5　近几年国内服装零售市场规模统计

通过梳理中国服装协会在 2020 年发布的《聚焦新时期企业变革本质，打造组织人才的核心竞争力》报告中对宁波太平鸟时尚服饰股份有限公司、大连大杨集团有限责任公司、江苏红豆实业股份有限公司、安徽红爱实业股份有限公司、青岛酷特智能股份有限公司、中国国际电子商务中心研究院、光大证券研究所、北京服装学院、浙江理工大学服装学院、浙江纺织服装职业技术学院等领军企业家与院校专家的访问调研材料，结合服装教学团队实地走访杭州服装协会、杭州设计师协会、江南布衣品牌、卓尚服饰、伊芙丽服饰、红袖服饰、葳芸旗袍等行业团队与知名企业的调研数据，可以看出，随着服装产业数字化转型的加速发展，需要一批以专业性为基础，突出双创型、数智型、跨界型的人才。

第一类：想象力丰富、市场洞察力高、流行敏感度强、会信息采集、创新能力突出、手绘功底优秀、智能设计软件应用熟练的服饰设计双创型人才。

第二类：具备服装产品智能制版、智能化流水线生产管理、智能工艺等服装信息化智造与管理知识的数智型人才。

第三类：具有线下线上门店运营、供应链管理和整合营销传播经验的跨界型人才。

第二节　国内外高校服设本科专业人才培育状况分析

我国服装设计教育始于20世纪80年代，迄今为止发展40余载。截至2020年，全国有307所本科院校和74所高职院校开设服装设计类专业。学科水平名列前茅的有东华大学服装学院、清华大学美术学院、北京服装学院、中国美术学院、浙江理工大学、武汉纺织大学外经贸学院、苏州大学、大连轻工业学院等。

一、国内外高校服设本科专业课程设置的比对分析

下面对伦敦艺术大学伦敦时装学院、东华大学服装与艺术设计学院、国际时尚创意学院、北京服装学院服装艺术与工程学院、浙江理工大学服装学院、中国美术学院染织与服装设计系、嘉兴学院设计学院等

6个国内外高等院校服装设计类专业的培养目标、课程设置、师资与实训条件、学科排名等一系列情况进行比对分析。

(一)伦敦艺术大学伦敦时装学院

伦敦艺术大学伦敦时装学院创建于1967年,是伦敦艺术大学下属六所学院之一、世界六大时装学院之一,总部位于伦敦市中心的牛津街。2000年,与始建于1887年专注于鞋类和饰品设计的考得维纳学院合并之后,更加强了伦敦时装学院的综合实力。伦敦时装学院设有时装设计、时装工艺、时装采购与营销、时装摄影与插画、时尚珠宝设计、时尚媒体与创作、时尚管理、时尚面料设计、时装视觉营销及品牌推广、舞台造型及制作等近100个专业方向,建立从预科、本科延伸至研究生水平的培养体系,课程涵盖设计、生产、传播、营销和管理的细分领域。下面以授予3~4年制本科BA学士学位的"时装设计与开发"方向为例,简述其培养目标与课程设置。

1. 培养目标

时装设计与开发专业方向提供创意、战略和实践技能,为时装产品设计师或开发人员的职业生涯做准备。培养重要的研究方法以及设计和制造技能,同时培养学生在创新过程中对时装设计可持续发展问题的理解,培养的毕业生完全具备行业技能,能在有效地传达设计想法的同时进行创意和创新。

2. 课程概述

时装设计与开发(荣誉)文学学士课程能让学生全面了解时尚设计过程,将为时尚行业内的职业生涯做好准备,并积极鼓励他们思考自己的设计语言。课程提供创意、实践和战略技能,使学生能够成为成功的设计师和开发人员。

在最后一年,学生们将会制作一个系列的毕业设计,将研究、设计与自己的想法制作成样衣,以展示他们对时尚行业特定领域的审美和创意。

3. 工作机会

在第二年,学生将有机会通过设定的简报与企业合作。此外,在第二年和最后一年之间,学生还有机会进行可选的行业实习,这将通过提供宝贵的经验和加强与行业内的联系来提高学生的就业能力,并获得额外的专业研究文凭资格。此课程以前的学生已经在 Marc Jacobs、Tommy Hilfiger、ASOS、Erdem、Christopher Raeburn、Christopher Kane 和 Roksanda Ilincic 获得实习机会。

4. 课程设置

伦敦时装学院的课程以全日制模式进行,为期 90 周,在 3 个学年内分为 3 个阶段,每个阶段持续 30 周。

第一年课程:《时装设计与开发入门》(20 学分)、《产品技术》(20 学分)、《创意技术》(20 学分)、《时尚文化与历史》(20 学分)、《创意产品开发》(20 学分)、《更好的生活》(20 学分)。

第二年课程:《时尚研究中的关键问题》(20 学分)、《专业实践入门》(20 学分)、《行业专项项目》(40 学分)、《时尚生产未来技术》(20 学分)。

第三年课程:《情景化实践》(20 学分)、《创意概念开发》(20 学分)、《产品设计与制作》(60 学分)。

备注:一个 20 学分的单元大约相当于 200 小时的学习时间,其中包括授课时间、独立学习和评估。

5. 学习和教学方法

伦敦时装学院为支持课程成果的综合实现,采用以下混合式教学方法:实体教学和虚拟在线教学相结合;讲座、研讨课、评价、小组演示、基于工作室的研讨、开放式访问工作、客座演讲、实地考察、实验、演示、自主研究等。利用多种研究资源和工具进行探究和探索，以加深对某一学科、任务或领域的理解。

6. 评估方法

伦敦时装学院采用以下评估方法来实现课程成果的综合目标：作品集展示、书面报告、现场或模拟产业项目、书面作业、作品阐述、3D 成果、样衣制作。

（二）东华大学服装与艺术设计学院、国际时尚创意学院

东华大学是教育部直属、国家"211 工程"、国家"双一流"建设高校，以纺织、材料、服装、设计为优势，是特色鲜明的多科性、高水平大学。

1. 服装与艺术设计学院

东华大学创建于 1984 年，是全国最早建立服装类学科的高等院校之一，服装与艺术设计学院下设服装设计与工程系、服装艺术设计系、视觉传达系、环境设计系、产品设计系、表演系、中日合作项目部、艺术学理论部、美术学部和实验中心，开设服装设计与工程、服装与服饰设计、数字媒体艺术、视觉传达设计、环境设计、产品设计、表演、艺术与科技等 8 个本科专业。

目前，东华大学的服装与艺术设计学院已形成学士、硕士、博士三级人才培养体系，学院在校本科生 2500 余人。其中，中日合作服装与服饰设计专业聘请日本文化服装学院、日本文化学园大学、美国芝加哥哥伦比亚大学、法国里昂第二工业大学等外教担任教学工作。

2. 国际时尚创意学院

上海国际时尚创意学院（SCF 学院）成立于 2014 年，为东华大学与苏格兰爱丁堡大学合作创办，设"服装与服饰设计（服装创意设

计）"和"服装设计与工程（时尚室内设计）"两个本科专业。

（1）服装设计与工程专业（授予学位：工学学士）

① 特色与培养目标。

国际时尚创意学院的服装设计与工程专业在全国 77 个院校的同类学科中排名第一，与美国、英国、日本、韩国以及我国香港等国家及地区的服装院校有密切合作。培养服务于现代服装产业，具有良好的社会责任感和职业素养，掌握扎实的服装设计与工程专业知识和实践技能，具有良好的沟通能力和管理能力，能够在团队中担任组织管理角色，具有创新意识、实践能力和国际视野，能够从事服装工程设计、应用研究、生产管理等工作的高层次应用型创新人才。学生经过 4 年的学习与实践，毕业时应能应用工程知识、问题分析、设计/开发解决方案、使用现代工具、工程与社会、环境和可持续发展等理念来解决服装工程领域复杂工程问题，理解工程实践对环境、社会可持续发展的影响。同时，具备职业规范、团队合作、跨文化有效沟通、项目管理及终身学习等 12 项毕业要求。

② 毕业去向。

毕业生可在服装领域的政府管理部门、国内外品牌企业、外资机构等，从事成衣款式与版型设计、服装数字化技术开发与应用、品牌策划与商品企划、零售管理与国际贸易、市场营销与管理、生产组织与工艺管理、质量控制与成品检验、功能防护服装研究与开发等工作。毕业生就业率连续多年为 95％以上。

③ 课程设置。

基础课程：服装史、服装专业导论、服装材料、女装款式设计、服装人体工程学、女装平面结构设计、成衣工艺学、服装生产管理、服装市场营销、服装舒适与功能、针织服装设计、虚拟三维展示技术、服装商务英语。

实践环节：工程训练、服装立体裁剪、服装效果图、服装纸样设计CAD、女装工艺、创作设计与展演、生产实习、毕业实习、毕业设计（论文）等。

(2) 服装与服饰设计专业（授予学位：艺术学学士）

① 特色与培养目标。

国际时尚创意学院的服装与服饰设计专业拥有国家级教学团队，并且拥有中国"十佳服装设计师"和创造中国设计师在国际服装设计大赛历史的优秀教学团队。通过艺术创意设计、服装造型与工艺、时尚商品市场研究等系列课程学习，学生能够掌握服装设计的基本理论、基本专业知识和基本专业技能，培养设计的创造思维能力，理解和掌握服装设计及服装品牌建设的正确方法。设有一系列国际化专业前沿讲座或课程，将国际时装的流行趋势贯穿于课程中，培养具有国际视野创新服装设计人才，使学生毕业后具有较强的创新设计意识、专业工作能力和市场竞争能力。

② 毕业去向。

毕业生主要任职于服装品牌公司、服装设计公司、服装院校、制服公司、服装外贸公司、形象设计公司、服装营销公司、时尚媒体（杂志、报社、电视台）及与时装相关的公司和厂家，涉及男装、女装、童装、礼服、内衣、中老年装、特种服装等多个门类，从事设计师、设计师助理、设计教育工作者、形象设计师、时尚编辑、时装管理及销售等工作。毕业生就业率一直保持100%。

③ 课程设置。

基础课程：创意设计素描、色彩画、平面构成、色彩构成、立体构成、基础图案、美术史。

专业课程：服装画技法、服装设计系列课程、结构设计与成衣工艺、手工印染、服饰色彩、服饰配件设计、服装社会心理学、服装史、服装材料学、服装CAD、服装生产与营销管理、时装摄影。

实践环节：服装实验室制作、市场调研、专业实习、设计实习、毕业调研、毕业课题设计（论文）等。

(3) 服装与服饰设计专业（中日合作）

服装与服饰设计专业（中日合作）的学生首先在东华大学学习两年半，学习期间以中方教师为主，日方教师为辅。学习成绩合格，"日本语能力鉴定二级"考试合格,并获得日本法务省签发的留学签证者,可赴日本文化学园的文化服装学院学习一年,最后半年回到东华大学完成毕业设计。

服装与服饰设计专业(中日合作)的专业课程分国内、国外两部分:国内包括日语、计算机基础、图案、服装画、服装素材论、服饰设计论、服装造型、立体裁剪、服装史、市场调研、生产管理概论等基础课程;国外包括服饰设计论、服装造型(高级素材和特殊素材)、立体造型、工业样板、服装 CAD、服装品质论、服装商品企划等。

(4) 服装创意设计专业(中英合作)

服装创意设计专业(中英合作)的专业核心课程基于东华大学服装艺术设计专业课程和爱丁堡大学爱丁堡艺术学院服装创意设计课程进行设置。

专业课程:服装工艺基础、时尚动态写生、软件设计基础、时装画、制版与工艺、印花与织物表面设计、现代主义与结构设计、服装史、人体建构、电脑辅助服装设计、创意制版、女装设计、多样化设计、男装定制、创意男装演绎、服装配饰设计、从流行趋势到设计思维、针织服装设计、时尚品牌战略、时尚品牌系列创作、当代风格分析与系列准备、作品解析与样衣系列等。

实践环节:专业调研、作品集与实习、系列作品创作、毕业作品展示等。

同时,课程教学通过国际校企合作项目等模式,采用理论与实践交融的方式,使学生均有机会参加工作室项目研究,在研究过程中完成对设计方案的物化与制作,积累丰富的实践经验。

(三)北京服装学院服装艺术与工程学院

北京服装学院创建于 1959 年,是我国第一所公办服装高校,设计学在教育部第四轮学科评估中获评 B+。服装艺术与工程学院始建于 1987 年,现有 2 个本科专业(国家级特色专业)、9 个专业方向:服装与服饰设计专业（包括女装、男装、针织、运动装、服饰传承与创新、戏剧与影视服装设计六个方向）、服装设计与工程专业（包括数据分析与制版、服装功能与设计、服装智能制造三个方向）。在校本科生1300余人、硕士研究生289人、博士研究生22人，目前已形成学士、硕士、博士三级人才培养体系。

（1）服装设计与工程专业（授予学位：工学学士）

① 特色与培养目标。

北京服装学院的服装设计与工程专业开设于1987年，具有艺工融合、学科交叉的特色，在全国同类学科与专业中一直名列前茅，与英国、美国、意大利、日本以及中国香港等国家及地区的服装院校有着密切合作。该专业分为学科基础与学科方向两个层级，采用专业基础加专业子方向的培养方式，三年级以后设有数据分析与制板、服装功能与设计、服装智能工程三个子方向。培养符合社会及服装行业发展需求，具备良好职业道德与人文科学素养、团队意识和沟通能力，工程基础和专业知识扎实，能够在服装及相关领域的企事业单位从事产品策划与设计开发、服装纸样与工艺、生产与管理、服装测试与评价等工作，适应服装科技发展，具有创新能力和国际视野的高素质应用型服装专业人才。

② 毕业去向。

毕业生可就职于各类服装品牌公司、服装行业协会等企事业单位，服装高职和中专院校、服装媒体及网站；亦可从事服装产品技术开发、服装企业经营管理、服装设计、服装品牌和产品策划、服装营销与贸易、服装教育及相关工作。

③ 课程设置。

基础课程：服装结构基础、立体裁剪、服装设计原理、服装材料学、服装工艺、服装纸样、服装人体工学、服装设计学。

特色课程：服装CAD应用、服装大数据、服装纸样、立体裁剪、服装产品开发流程管理、服装生产管理、专业项目训练、服装智能制造、纸样参数化原理与应用、功能性服装设计。

实践环节：服装基础工艺、服装工艺、专业项目训练、产业认识实习、专业实习、毕业论文等。

（2）服装与服饰设计专业（授予学位：艺术学学士）

① 特色与培养目标。

北京服装学院的服装与服饰设计专业开设于1987年，多次在BOF国际专业排名中名列国内第一、亚洲第二，拥有10余名"十佳服装设计师"及多名知名教授组成的教学团队，以及服装设计专业国家级精品课程，曾被评为教育部特色专业、北京市一流专业。专业分为学科基础与学科方向两个层级，采用专业基础加专业子方向的培养方式，三年级以后设有女装设计、男装设计、针织服装设计、运动服装设计、服饰传承与创新及戏剧影视服装设计六个子方向。专业旨在培养符合行业与服装产业发展需求，具备良好职业道德与人文艺术素养、团队意识和沟通能力，具有良好的美学素养和扎实的专业知识，能够在服装及相关领域的企事业单位从事服装与服饰设计、时尚创意设计、文化创新与设计、产品策划与设计开发、时尚策划与管理、服装纸样与工艺设计等相关工作，适应服装艺术与科技发展，具有创新能力和国际视野的高素质应用型服装专业人才。

② 毕业去向。

毕业生除继续出国深造之外，主要任职于著名服装品牌公司、服装设计公司、服装院校、行业协会、设计公司、媒体（互联网、杂志、报社、电视台）及与时装相关的公司和企业，还包括部分自主创业。涉及男装、女装、针织、运动、内衣、童装、礼服、配饰、特种服装等多个门类，从事设计总监、设计师、设计教育、形象设计师、时尚编辑、时装管理及销售等工作。本专业毕业生就业率一直保持100%。

③ 课程设置。

基础课程：服装概论、服装材料学、中国服装史、设计方法与实践、服装设计元素、服装结构基础、服装纸样与工艺、立体裁剪。

专业核心课程：设计策划与实践、服装设计实习、女装设计一（专业方向同类课程：男装设计一、针织成型服装设计与工艺、运动服装设计一、传承与创新设计一、影视服装设计与制作项目训练一）；女装结构与工艺一（专业方向同类课程：男装结构一、运动服装结构与工艺一、影视服装设计与制作一），女装设计二（专业方向同类课程：男装设计二、针织裁剪服装设计与工艺、运动服装设计二、高级时装创新设计二、影视设计与制作项目训练二）；女装结构与工艺二（专业方向同类课程：男装结构二、运动服装结构与工艺二、影视服装设计与制作二）；女装品牌与产品策划（专业方向同类课程：男装品牌与产品策划、服装产品策划与设计、运动服装产品开发）；创意立裁（专业方向同类课程：男装纸样与工艺、传统服装结构与工艺）。

实践环节：创意工作营、国际工作营、服装基础工艺、服装工艺（专业方向同类课程：男装、女装、针织、运动、传统、影视服装工艺）、专业设计实习、产业认识实习、专业实习、毕业论文等。

（四）浙江理工大学服装学院

浙江理工大学创办于1897年，是我国最早创办的新学教育机构之一，属浙江省重点建设高校。服装学院始建于1979年，是该大学中最具鲜明特色和广泛社会影响的学院之一，是我国最早开办的服装高等教育机构。浙江理工大学服装学院现开设服装设计与工程、服装与服饰设计、产品设计（纺织品艺术设计）、表演（时装表演艺术、人物形象设计）等专业及方向。学院现有服装设计与工程二级学科博士点、硕士点各1个，设计学、美术学、艺术学理论3个一级学科硕士点，1个艺术硕士和2个工程硕士学位授权点。服装设计与工程隶属于浙江省重点建设高校优势特色学科和浙江省重中之重一级学科，设计学为浙江省重点学科，现均入选浙江省一流学科A类。浙江理工大学服装学院为浙江省时尚产业和地方经济建设做出了巨大贡献，国际化办学特色鲜明，被誉为"中国著名时装学府"。

（1）服装设计与工程专业（授予学位：工学学士）

① 特色与培养目标。

浙江理工大学服装学院的服装设计与工程专业是国家一流本科专业

建设点，国家特色专业，浙江省本科院校"十二五""十三五"优势专业，所属学科为浙江省一流学科 A 类，具有博士、硕士、学士三级学位授予权，拥有服装国家级实验教学示范中心和服装设计国家级虚拟仿真实验教学中心。2019 年武书连专业排名，服装设计与工程是全国第 2 名 A＋/74，2020 年中国科教评价研究院等推出的金平果（邱均平）排名等级为 5★。专业旨在培养德智体美劳全面发展，适应纺织服装行业发展需求，具备人文社科素养、国际视野和可持续发展潜力，能够在服装及相关领域从事产品设计与研发、结构与工艺、测试与评价、运营与管理等工作的应用型工程技术人才。

② 课程设置。

专业核心课程：服装材料学、服装设计与表现、服装人体工程学、服装结构设计（系列课程）、服装人工智能技术、计算机辅助时装设计（系列课程）、成衣工艺学、服装生产管理、服装工艺（系列课程）、服装工业化定制、大数据应用与分析等。

（2）服装与服饰设计专业（授予学位：艺术学学士）

① 特色与培养目标。

浙江理工大学服装学院的服装与服饰设计专业是国家一流本科专业建设点，国家特色专业，浙江省高校"十二五""十三五"优势专业，所属学科设计学为浙江省一流学科 A 类，具有硕士、学士学位授予权，拥有服装国家级实验教学示范中心、服装设计国家级虚拟仿真实验教学中心、浙江省时尚人才培养产教融合示范基地等平台。2019 年武书连专业排名是全国第 5 名 A＋/162，2020 年中国科教评价研究院等推出的金平果（邱均平）排名等级为 5★。专业旨在培养德智体美劳全面发展，适应新时代时尚行业领域发展需求，注重设计思维与艺术审美的专业素养，注重以时尚艺术与创意设计为核心的知识结构融通、专业综合能力、职业素养协同合作，能借助互联网技术进行时尚品牌设计管理、流行趋势及消费市场分析、时尚文化创意与传播，并掌握工艺技术的复合型时尚设计人才，成为时尚设计领域的创新者、领军者和管理者，及活跃在时尚商业的经营者。

② 毕业去向。

毕业生可从事女装产品设计研发、男装产品设计研发、童装产品设计研发，休闲品牌产品系列设计开发、运动型品牌产品系列设计开发等；毛衫设计研发、牛仔服装设计研发、内衣设计研发；首饰设计、箱包设计、鞋帽设计等相关专项产品设计研发工作；相关时尚潮流预测与流行分析、时尚消费市场调研与研究、品牌策划与创新设计、时尚商品企划、服装设计流程管理、时尚传播与推广、时尚形象造型设计与服装陈列搭配等相关工作。

③ 课程设置。

第一阶段，设计素养及基础能力培养阶段：设置时尚导论、创意设计、色彩基础与创意表达等课程，主要提升学生设计思维、色彩感受与表达等能力，并对服装产业前沿动态及发展脉络有初步了解，开阔学生视野。

第二阶段，专业基础知识培养阶段：通过服装设计与构成、服装工艺基础等基础课程，掌握专业设计知识及设计方法论，以女装设计、服饰品图案、材料设计、首饰设计、包类设计等专业课程，构成服装与服饰设计的专业基础课程群，为专业高阶课程设置服饰品设计、针织服装设计方向，男装设计、女装设计、创意设计及品牌设计专业模块打下基础。

第三阶段，专业设计运用及创意能力培养阶段：以设计实践为主要学习方式，以消费需求为研究样本，结合本专业厚实的产教实践基地为依托，进行品牌创意分析、研究、产品设计及商业孵化等环节训练，在创意实践及商业孵化阶段培养学生综合能力、团队合作能力。

（五）中国美术学院染织与服装设计系（授予学位：艺术学学士）

中国美术学院创建于1928年，是研究教学型大学，国家"双一流"学科建设高校。美术学学科入选国家一流学科建设名单，美术学、设计学获得 A+评级，并列排名全国第一；艺术学理论获 A-评级，排名全国第三；戏剧与影视学获 B+评级，排名全国第六。目前学院设有美术学、设计学、艺术学理论三个博士后科研流动站。

1. 特色与培养目标

设计艺术学院染织与服装设计系开设于 1980 年，是全国高等院校中最早开设染织与服装设计专业本科和硕士教育的院系之一，设有染织美术设计和服装设计两个专业方向。专业注重将创意创新和市场意识相融合、时尚感悟力与产品设计力相融合、国际流行趋势与本土消费需求相融合，注重理论与实践、感性与理性、艺术与技术、动脑与动手相结合。专业旨在培养具有人文精神和现代教育理念，具有较高的艺术素养和审美水平，文化视野开阔；具有传承和弘扬中华民族优秀文化艺术的使命感，具有终身学习的能力和善于探究的学习态度；具有良好的职业道德和团队合作精神的从事服装设计、服饰产品设计、纺织品艺术设计、时尚产品展示策划、时尚活动策划及管理等多方面的高级研究人才。

2. 毕业去向

毕业生可以从事纺织品的色彩设计、纺织品开发和造型、纺织品管理和营销、咨询和评估、教学和研究等工作；在服装行业，从事服装设计与开发、服装生产工艺设计、服装打板、服装推板、服装生产工艺单编写、样衣制作、服装生产管理等工作。

3. 课程设置

染织美术设计专业的主要课程：室内纺织品纹样设计、印花面料设计、织花面料设计、地毯纹样设计与应用。

服装设计专业的主要课程：时装画技法、成衣设计（女）、成衣设计（男）、高级成衣设计、基础立体剪裁、立体裁剪、服装结构设计、服装工艺与制作、服装材料与应用、服饰配件设计、创意结构设计、礼服设计、服装史、服装展示陈列设计、服装设计管理、专业英语、成本管理、专业实践、毕业论文。

（六）嘉兴学院设计学院

嘉兴学院是 2000 年 3 月经教育部批准，由原浙江经济高等专科学校和嘉兴高等专科学校合并组建的一所省属普通本科高校。嘉兴学院设计学院是该校重点建设的学院之一，下设服装设计与工程、服装与服饰设计、工业设计、视觉传达设计、环境设计五个专业。艺术与设计实验中心为省级实验室示范中心。

（1）服装设计与工程专业（授予学位：工学学士）

① 特色与培养目标。

嘉兴学院设计学院的服装设计与工程专业开设于 2002 年，是浙江省"十三五"特色建设专业。服装设计与工程专业集设计与工程为一体，开设全电脑毛衫设计与工艺模块，把世界领先的 STOLL 电脑横机编织技术引入到教学中，重点培养富有创新精神，具有较强动手能力，具备服装设计、服装结构与工艺、毛衫设计与工艺、服装市场营销与品牌策划能力的高级应用型专业人才。

② 毕业去向。

毕业生可在服装企业、服装公司从事服装设计（毛衫设计）、服装打版、服装品质管理、服装品牌策划与市场营销、服装外贸跟单、电脑横机编程设计、服装产品研发等工作；成绩优异者可以考取上海东华大学、浙江理工大学、江南大学、北京服装学院等高校攻读硕士学位。

③ 课程设置。

主要课程：设计素描、设计色彩学、计算机辅助设计、服装学导论、服装设计、时装画技法与效果图、服装 CAD/CAM、服装材料学、女装结构设计、男装结构设计、工业样板设计、毛衫基础工艺、服装工艺、服装生产管理、服装营销学、服装史、服装立体裁剪。

（2）服装与服饰设计专业（授予学位：艺术学学士）

① 特色与培养目标。

嘉兴学院设计学院的服装与服饰设计专业开设于20世纪90年代，是设计学院中历史最悠久的专业。服装与服饰设计专业紧密结合地方产业优势，如嘉兴平湖的外贸服装、濮院及洪合的毛衫产业以及其他众多服装企业的发展，源源不断地输送服装设计类人才，就业率达100%，已经成为嘉兴乃至浙江极具特色的艺术设计类专业。专业旨在培养掌握服装与服饰设计的基本理论、基本专业知识和专业技能，能够理解服装与服饰设计的概念，掌握设计方法，通晓从灵感到表现、从绘画到造型的全过程；具有各类服装款式设计、服装结构设计、服饰配件设计、成衣制作、商品展示设计等能力；适应创新时代需求，具有较强的设计创造能力和动手制作能力，以及较强的市场开拓意识和市场竞争能力的专业人才。

② 毕业去向。

毕业生可就职于服装行业及企划设计部门、文化机关等企事业单位与应用研究型领域、艺术设计机构和企事业单位，从事服装设计、服饰配件设计、服装品牌策划、服装品牌管理、终端市场形象推广和专业教育培训等方面工作；报考服装与服饰设计及艺术设计理论方向硕士研究生。

③ 课程设置。

主要课程：服装结构设计、服装营销学、服饰色彩设计应用、服饰图案设计应用、服装设计、服装品牌策划、面料塑性、服装工艺与制作、立体裁剪、服装创意设计、计算机辅助设计与服装技法综合表现、中外设计史、中西服装史、高级成衣整体设计等。

二、国内外高校服设本科专业课程设置的借鉴之处

通过上述国内外服装设计类本科专业设置的比对分析可以发现，现有国内外服装设计类本科专业以培养掌握学科理论、专业知识、专业技能，具有专业理论和技术研究能力，具有创新创意创业能力的高素质服

装专业人才为目标，已基本建成艺术设计与工程技术相结合、创意设计与产品设计相结合、学校教学与社会实践相结合、国内教学与国际合作教学相结合的人才培养模式和课程体系。

面对以新技术、新业态、新产业为特点的新经济，服装时尚产业从劳动密集、能源密集向资本密集、技术密集转型，从引进、消化、吸收技术到引领技术，需要大量高质量技能复合型人才的支撑。高职服设专业应借鉴国内外服装设计类本科专业设置的特点，保留原有职业实操能力优势，有效促进职业教育与民营经济融合，打造职业教育创新发展高地，培养更多具有创新思维、创业能力的高质量技能复合型人才，助力我国产业发展价值链向高端迈进。

第三节 浙江省同类高职院校服装设计类人才培养比较分析

高等职业教育服装设计类专业包括服装与服饰设计、服装设计与营销、服装设计与工程、服装设计与表演等多种方向，其主要是为服装企业和社会个体服装经营培养人才，既要以扎实的个人发展的艺术设计为基础，又要满足服装企业的各种需求。高职服装类专业侧重强调服务区域经济发展且地方特色鲜明，培养从事服装各个岗位群工作，掌握专业知识、专业技能，实践操作能力强和动手能力强的高技能服装类专业人才，课程体系重在培养学生的职业能力，注重实效性和实用性，重点体现职业岗位的需求和专业特色。

一、浙江省高职院校服设类专业办学水平分析

浙江省现有 50 所高职院校中有 9 所开设服装类专业，分别是杭

州职业技术学院、浙江纺织服装职业技术学院、嘉兴职业技术学院、温州职业技术学院、杭州万向职业技术学院、金华职业技术学院、义乌工商职业技术学院、浙江艺术职业学院、湖州职业技术学院（表6-1）。此外，杭州轻工技师学院也开设"3＋2服装设计与制作"专科专业。

表6-1 浙江省高职院校服设类专业办学水平比较

学校	办学特色、培养方向	省级教科研成果	专业群级别
杭州职业技术学院达利女装学院	达利女装学院下设服装设计与工艺、时装零售与管理、艺术设计（纺织装饰艺术设计）针织技术与针织服装等四个专业（方向），精准对接女装产业三大领域，服务女装产业转型升级，培养符合女装产业发展需求的复合型技术技能人才	2014年国家级教学成果一等奖，2012年省教学成果一等奖，2016年省教学成果二等奖，获全国纺织工业联合会"纺织之光"教学成果一等奖6项，数量列全国同类院校第一；入选全国骨干高职院校建设项目典型案例	国家"双高"学院和专业群建设（B档），国家骨干专业，省"十三五""十二五"优势专业，省"十一五"特色专业
浙江纺织服装职业技术学院时装学院、中英时尚设计学院	时装学院设立服装设计与工艺、服工（时装管理）、服装陈列与展示设计、服装与服饰设计、针织技术与针织服装等五个专业（方向）；中英学院下设服装陈列与展示设计（时尚传媒中英）、服装设计与工艺（中英）、服装与服饰设计（中英）、服装与服饰设计（中日）专业，坚持为区域经济和社会发展服务，为浙江时尚产业培养具有国际视野、创新意识和创业能力，德智体美全面发展的高素质技术技能人才	2012年、2016年省教学成果二等奖，全国纺织工业联合会"纺织之光"教学成果奖10余项	省双高专业群建设（B类）2个，国家骨干专业，省"十三五"优势特色专业，省首批现代学徒制试点专业，省技能大师工作室，省服装技术职业教育实训基地，省教师培训基地
嘉兴职业技术学院时尚设计学院	设立服装与服饰设计、现代纺织技术、工业设计、广告设计与制作专业群，培养具有"中国特色、家国情怀、工匠精神、国际视野、创业创新能力"的艺术设计、服装搭配设计、人物形象整体设计、数字媒体、纺染技艺等高素质技能人才	全国纺织工业联合会"纺织之光"教学成果奖2次，专业群学生的创业率名列全校前列	省双高专业群建设（B类），中央财政支持专业，国家骨干专业，教育部现代学徒制试点专业，省级"十三五"优势专业

续表

学校	办学特色、培养方向	省级教科研成果	专业群级别
温州职业技术学院服装与服饰设计专业	结合区域经济社会发展对人才的需求,对接浙江服装、依托温州服装行业,与温州市服装商会及骨干企业合作,培养具有良好职业道德,从事服装设计、服装样板制作、服装营销等岗位工作的高素质技术技能型专门人才,以及本行业相关的创新创业人才	2018年全国教学成果二等奖,2016年浙江省教学成果一等奖 毕业生跟踪调查,温职院连续两年获浙江省第一	国家"双高"学校(B档)、中央财政支持专业,国家骨干专业,省"十三五"优势专业,省特色专业
杭州万向职业技术学院服装设计与工艺专业	满足浙江时尚(华服)产业升级需求,契合杭州时尚之都、丝绸之府、文创中心、品质之城的国际发展战略,以深化产教融合为视角,集聚区域内时尚产业的众多资源,秉承中华服饰文化与精湛技艺,培养高质量技能复合型时尚创客人才	2016年浙江省教学成果一等奖,浙江省高校美育案例一等奖。学生获国家、省、市级赛项荣誉140多项,毕业生跟踪调查质量居全院前列	国家骨干专业,省"十三五"优势专业
金华职业技术学院服装与服饰设计专业	借助于浙江省服装、时尚产业优势,邀请行业内企业共同参与人才培养工作,培养具有一定审美素养与设计创意能力,懂设计、精制作、会管理、善营销,具有职业素养、合作精神的高素质技能型人才		国家"双高"学校(A档)
义乌工商职业技术学院服装与服饰设计专业	培养可以胜任服装与服饰设计、饰品设计、服饰产品开发、服饰工艺制作、服饰品牌营销等工作岗位的学生,以创意、创新、创业的姿态与理念,努力为时尚创意产业的品牌构建提供高质量的人才培养基地	国家级教学成果二等奖,省级一等奖	
浙江艺术职业学院服装与服饰设计专业	培养具有舞台服装设计、时尚女装设计、服饰整体搭配和服装展示的专业知识与能力,能够适应舞台表演、服装公司、品牌店铺、影楼、人物造型工作室等相关工作岗位及服装行业自主创业环境的高素质高技能专门人才	全国纺织工业联合会"纺织之光"教学成果三等奖	

续表

学校	办学特色、培养方向	省级教科研成果	专业群级别
湖州职业技术学院服装与服饰设计专业	依托湖州区域童装经济特色，采用"学徒制"和"工作室制模式"的小班人才培养模式，培养具有服装设计、服装打版、服装生产管理和服装营销等专业技能的高素质应用型人才		

二、学院服设专业的优劣势分析

（一）优势分析

杭州万向职业技术学院服装设计与工艺专业创建于1996年，在校生近500人，引领设计创意专业群的发展。专业教学改革成效显著，荣膺"浙江省高等教育教学成果一等奖"、浙江省大学生艺术节美育案例一等奖。专业注重发挥优势特色和应用研究的溢出效应，教师社会服务达40000余人次，共完成教育部、省哲社、省软科学、局厅级等纵横向教科研课题30余项，开设省在线课程2门、市精品课程2门，发表论文40余篇，授权实用新型专利12项。

根据《2020纺织服装类高职院校竞争力排行榜》（全国高职院校服装类专业74个+纺织类专业38个），从师资队伍、平台基地、教学水平、科研产出、声誉影响等宏观和微观层面专业评估得出，杭州职业技术学院排名全国高职同类专业第3（浙江省第一），浙江纺织服装职业技术学院排名全国高职同类专业第5（浙江省第二），杭州万向职业技术学院服装设计与工艺专业排名全国高职同类专业第26（浙江省第三），这为杭州万向职业技术学院服设专业进一步确立为全省乃至全国高职同类专业优势夯实了基础（表6-2）。

表6-2 2020全国纺织服装类高职院校竞争力排行榜

排名	学校名称	星级
1	江苏工程职业技术学院	5★

续表

排名	学校名称	星级
2	成都纺织高等专科学校	5★
3	杭州职业技术学院	5★
4	盐城工业职业技术学院	5★
5	浙江纺织服装职业技术学院	5★
6	常州纺织服装职业技术学院	4★
7	山东科技职业学院	4★
8	广东职业技术学院	4★
9	安徽职业技术学院	4★
10	邢台职业技术学院	4★
11	扬州市职业大学	4★
12	黎明职业大学	4★
13	泉州纺织服装职业学院	4★
14	江阴职业技术学院	4★
15	辽宁轻工职业学院	4★
16	漯河职业技术学院	4★
17	威海职业学院	4★
18	广西经贸职业技术学院	4★
19	山东轻工职业学院	4★
20	重庆财经职业学院	4★
21	武汉职业技术学院	3★
22	无锡工艺职业技术学院	3★
23	新疆轻工职业技术学院	3★
24	苏州经贸职业技术学院	3★
25	陕西工业职业技术学院	3★
26	杭州万向职业技术学院	3★
27	新疆应用职业技术学院	3★

（二）劣势分析

杭州职业技术学院、浙江纺织服装职业技术学院分别是杭州市、宁波市示范公办院校，财政专项资金投入多，学校重点扶持。杭州万向职业技术学院服设专业应积极迎接挑战，强化文化传承、时尚创新、智造引领的特色，助力杭城打造"美服天堂"，加快建设"产业领先、省内创先、国内争先"的高水平专业，实现中华民族伟大复兴的中国梦、中国服饰文化事业的蓬勃发展和民族经济迅速腾飞。

第四节　高职服设本科专业的可行性方案

为顺应我国时尚产业向文化传承、创新驱动、技术密集、中国智造的新业态升级，杭州万向职业技术学院服设专业应结合原有的中华服饰文化与精湛技艺，重设国际化视野的高质量技能复合型时尚创客人才培育定位，在强化专业性的基础上，拓展出双创方向、数智方向、跨界方向的本科服装设计与工艺专业。

一、学院服设本科专业课程设置

杭州万向职业技术学院服设专业在原有课程体系上，可增加以下三个方向的课程：

第一，双创方向课程。面料塑性、创意立裁、中外设计史、个性化定制设计、创业工作营、服装搭配技巧、服饰色彩设计应用。

第二，数智方向课程。服装大数据应用与分析、成本管理、服装跟单流程管理、服装舒适与功能。

第三，跨界方向课程。时尚摄影、服装渠道管理、直播平台策划与运营、服装网络视觉营销、新媒体运营。

下一阶段杭州万向职业技术学院服设专业的主要工作任务是进行本科专业工作升格部署：①构建服装设计与工艺专业本科课程体系，完成本科专业人才培养方案的撰写；②成立专业建设专家指导委员会，完成专业人才培养方案的修订；③根据人才培养目标，完成不同专业方向的主干核心课程标准制定；④选派部分骨干教师参加国培、企业锻炼或高级别培训班等，引进博士人才，完成本科师资配备工作。

二、升格本科专业工作部署

通过对标 2021 年 1 月 22 日教育部印发的《本科层次职业教育专业设置管理办法》，杭州万向职业技术学院可围绕浙江省杭州市"数智杭州·宜居天堂"，建设区域经济社会产业发展重点领域，服务产业新业态、新模式，对接新职业，聚焦确需长学制培养的相关专业。

杭州万向职业技术学院应延续"打造国际型、现代型、创业型高校"的办学特色，坚持高层次技术技能人才培养定位，以促进专科与本科层次职业教育纵向贯通、有机衔接，促进普职融通；确保服设专业在全省乃至全国高职同类专业中的优势，努力建设成为"产业领先、省内创先、国内争先"的双高本科专业群。

参考文献

[1] 顾希佳，王曼利．杭罗织造技艺［M］．杭州：浙江摄影出版社，2012．

[2] 刘熙．释名［M］．北京：中华书局，1985．

[3] 张应文．清秘藏［M］．上海：上海古籍出版社，1993．

[4] 陈文晖，熊兴，王婧倩．消费升级背景下时尚产业发展战略研究［J］．价格理论与实践，2018（05）：155-158．

[5] 陈秀珍．高职院校专业群课程体系构建的研究［J］．中国职业技术教育，2015（02）：86-89．

[6] 褚乐阳，陈卫东，谭悦，等．重塑体验：扩展现实（XR）技术及其教育应用展望——兼论"教育与新技术融合"的走向［J］．远程教育杂志，2019，37（01）：17-31．

[7] 费孝通．创建一个和而不同的全球社会——在国际人类学与民族学联合会中期会议上的主旨发言［J］．思想战线，2001（06）：1-5，16．

[8] 李加林．现代丝织像景织物及结构设计特征［J］．丝绸，2004（03）：11-13．

[9] 李伟只．"双高计划"背景下高职院校特色专业群建设策略［J］．中国职业技术教育，2020（05）：34-38．

[10] 李一，王晓蓬，屈萍．浙江省时尚产业产教融合的问题及对策研究［J］．丝绸，2021，58（01）：47-51．

[11] 吕红梅．论"强基计划"视域中的通识教育［J］．江苏高教，2021（06）：68-73．

[12] 孙津．杭州手工刺绣的调研报告及传承方式的研究［D］．杭州：杭州师范大学，2013：15．

[13] 孙彦红．新产业革命与欧盟新产业战略［J］．领导科学论坛，2020（24）：25-46．

[14] 万事利集团．从产品到品牌，从文化到艺术——万事利引领中国丝绸"破茧成蝶"［J］．丝绸，2015，52（3）：2．

[15] 王其全，林敏．杭州非物质文化遗产之振兴祥中式服装制作技艺［J］．浙江工艺美术，2009，35（02）：94-97．

[16] 韦斯林，王巧丽，贾远娥，等．教师学科教学能力模型的建构——基于扎根理论的10位特级教师的深度访谈［J］．教师教育研究，2017，29（04）：84-91．

[17] 徐章韬. 信息技术支持下的学科教学知识：缘起、演化、结构模型及其教育意蕴[J]. 教育发展研究，2012，32（10）：62-68.

[18] 周建松，陈正江. 高职院校"三教"改革：背景、内涵与路径[J]. 中国大学教学，2019（09）：86-91.

[19] 朱瑞熙. 宋代"苏湖熟，天下足"谚语的形成[J]. 农业考古，1987（02）：48-49.

[20] 国家发展改革委，中央网信办. 关于推进"上云用数赋智"行动培育新经济发展实施方案[EB/OL].［2020-04-15］. http：//www.gov.cn/zhengce/2020-04/15/content_5502468.html.

[21] 国务院办公厅. 国务院办公厅关于深化产教融合的若干意见[EB/OL].［2017-12-05］. http：//www.gov.cn/zhengce/content/2017-12/19/content_5248564.html.

[22] 教育部，财政部. 关于实施中国特色高水平高职学校和专业建设计划的意见[EB/OL].［2019-03-29］，http：//www.moe.gov.cn/srcsite/A07/moe_737/s3876_qt/201904/t20190402_376471.html.

[23] 中共中央，国务院. 长江三角洲区域一体化发展规划纲要[EB/OL].［2019-12-01］. http：//www.gov.cn/zhengce/2019-12/01/content_5457442.html.